Green SCM & Green Logistics

녹색 공급사슬의 설계와 구축

- 녹색 물류의 추진 -

스즈키 쿠니노리(鈴木邦成) 저
박명섭, 한낙현, 김은주, 박석재, 우정욱 역

우용출판사
www.choolpansa.com
1997

들을 추진했다. 사회적인 이미지향상과 환경면에서의 이점을 강조하면서 '친환경사회에서 지지를 받기 때문'이라는 점에 역점을 두고, 그것을 전략추진의 원동력으로 여기는 경향이 강했다. 비용이 증대되어도 환경면에서의 이점을 중시할 필요가 있기 때문이다.

물론 기업의 사회적 윤리를 강하게 추구하고 있는 현대경영에서 비용 시점에서의 이점도 실현할 수 있다면 더욱더 추진력이 부가되는 것은 틀림없을 것이다.

이상의 사항을 고려하여 본서에서는 환경전략중시의 물류관리방안을 염두에 두고 녹색공급사슬의 설계와 구축의 방향성과 그 관련정보에 대하여 설명한다.

본서의 구성을 살펴보면, 제1장, '녹색공급사슬의 설계'에서는 그 개념, 전략 등의 내용을 설명한다.

제2장, '물류의 녹색화와 비용상 이점의 추구'에서는 기업시스템에서 환경부하의 저감과 물류시스템의 효율화라는 상충관계의 양립을 어떻게 추진해 나갈지를 해설한다. 화주기업, 물류사업자 쌍방이 취할 수 있는 방향성과 전략포지션의 채택방법 등에 대하여 고찰한다.

제3장, '사회환경의 변화와 녹색공급사슬의 구축'에서는 국내외 물류관련 환경규제의 강화 등의 동향과 그것에 대한 기업 측의 대응에 대하여 해설한다. 더욱이 CO_2 배출량거래와 녹색공급사슬을 구축하는 물류지원정보시스템으로서 주목받는 물류비즈니스모델에 대하여 설명한다.

제4장, '운송수단전환(Modal shift)의 도입과 과제'에서는 환경부하저감에 효과가 있는 운송수단전환(복합일관수송)의 도입과 그 성과에 대하여 검증하고, 제5장, '공동물류시스템의 설계와 관리'에서는 공동물류시스템의 이점, 과제, 도입사례 등에 대하여 고찰한다.

제6장, '회수 · 순환형 물류시스템의 구축'에서는 녹색공급사슬 내에서의 3R의 위상과 역할 그리고 물류시스템의 구축에 대해 고찰한다.

제7장, '에너지절감의 대응에 대한 물류시설 · 운반관리기기 등의 도입'에서는 환경부하의 저감에 효과적이며 유용한 물류시설, 운반관리기기의 도입을 어떻게 추진해 나갈지를 검증한다. 물류시설의 집약, 에너지절감대응의 운반관리기기, 조명 · 전기시스템 등의 도입, 그리고 배달용 상자시스템(사용 후 빈병 등을 회수하는데 사용함)의 구축에 대하여 해설한다.

제8장, '물류상관습의 개선에 의한 물류의 녹색화'에서는 물류와 관련된 거래관행의 재고에 의하여 환경부하의 저감을 촉진하는 방안을 정리한다. 다빈도소량배송, 시간지정납품 등을 개선함에 따라 녹색공급사슬의 구축을 추진할 수 있다.

제9장, '녹색공급사슬의 각국 비교'에서는 실제 각국의 녹색공급사슬의 구축, 녹색물류 추진의 진전 상황을 전망한다.

제10장, 'CO_2 배출량거래와 관련된 동향'에서는 녹색공급사슬의 구축에 커다란 영향을 미치는 CO_2 배출량의 거래와 관련된 오늘날의 동향에 대하여 설명한다.

지구환경을 배려하는 공급사슬의 구축은 여러 기업의 주요 과제로서 크게 주목받고 있다. 다만 환경부하의 저감에 기업이 적극적으로 대응하기 위해서는 환경규제의 강화뿐만 아니라 비용상 이점의 추구도 함께 추진하여야 할 것이다. 이에 물류효율화에 바탕을 둔 녹색공급사슬의 설계와 구축이 강하게 요구되고 있다.

저자는 일본환경공생학회 전국대회 학술보고의 "국제경제의 변혁에 의한 환경공생에 관한 일고찰"(1999년 9월, 일본대학 경제학부)에서 녹색물류에 대하여 언급한 이후 10년 이상 물류와 환경의 관계에 대해 연구와 고찰을 계속하고 있는데, 최근 녹색물류, 녹색공급사슬의 구축을 목표로 하는 움직임은 더욱더 가속화되고 있다는 것을 통감하고 있다.

본서를 일독함으로써 녹색공급사슬의 설계와 구축에 관한 이해를 제고하고 나아가 시야가 넓어 질것을 저자는 기대하고 있다.

2010년 2월

스즈키 쿠니노리(鈴木 邦成)

역자서문

세계 탄소배출권시장의 규모는 2005년 약 110억 달러, 2006년 300억 달러로 성장하고 있으며 2010년 시장규모는 약 1,500억 달러로 2006년에 비하여 5배의 증가가 예상되고 있다. 2008년 5월에 개최된 동북아 3국간 제2차 한·중·일 물류장관회의에서 환경친화적 물류체계 구축을 국가간 물류협력의 주요 목표로 채택한 바 있다. 여기서는 에너지 이용이 효율적이며 자원재생형의 녹색물류체계로 전환할 것을 주장하고 있다. 이와 같이 회수물류, 폐기물처리 등 녹색로지스틱스(Green Logistics)의 중요성이 증대되어 가고 있지만 국내 화주기업 및 물류기업은 친환경물류에 대한 인식이 부족한 것이 현실이다.

향후 단순한 비용적 측면이 아닌 출발지부터 도착지인 목표 지점까지 물류 전과정을 통한 체계적인 녹색물류활동의 활성화가 필요하다.

녹색로지스틱스는 물류활동의 제반 과정에서 환경과 관련되어 파생되는 영향을 고려하여 기업가치를 높이는 물류활동이며, 또한 환경과 기업경영을 동시에 고려하는 물류활동을 말한다. 그 기대효과로 에너지소비 저감으로 인한 물류비용 감소와 더불어 녹색공급사슬로 전환을 들 수 있다.

오늘날 업계에서는 녹색로지스틱스를 통하여 공급망 및 물류운영시 발생하는 탄소배출과 환경오염물질 배출을 줄여야 한다는 개념이 쟁점으로 부각되고 있다. 기업의 탄소배출에 대한 현재 인식을 고려해 보았을 때 '녹색'이슈는 기업의 전반적인 비즈니스전략에서 중요한 역할을 할 것으로 예상된다. 녹색물류의 개념은 역물류(정맥물류, Reverse Logistics)개념과 혼동되어 사용되는 경우가 많았으나 엄밀하게 역물류는 녹색물류 그 자체의 의미보다는 녹색물류체계의 일부분으로 이해하는 것이 타당하다고 볼 수 있다. 따라서 녹색물류의 영역을 역물류에 국한하지 않고 물류활동의 전 과정뿐만 아니라 환경, 교통분야에 대한 영향까지 고려하는 것이 적합하다고 본다.

오늘날 환경부하의 저감을 염두에 둔 기업시스템의 구축이 요구되고 있다. 그러나 설계, 개발, 생산, 물류, 유통, 판매의 각 과정에서 환경부하의 절감을 도모할 경우 비용이 증대되는 경우가 많아 기업프로세스의 최적화와 환경부하의 저감의 양립은 곤란하며 그 상충관계를 해소하는 것이 커다란 과제로 등장하고 있다. 이상의 점을 고려하여 본서에서는 환경전략중시의 물류관리 방안을 염두에 두고 녹색공급사슬의 설계와 구축의 방향성과 그 관련정보에 대한 내용을 10개의 장에서 설명하고 있으며, 필요한 경우에는 도표를 활용하여 설명하고 있다. 또한 독자의 이해를 돕기 위해 원서의 각주에 역자주를 추가했다.

이러한 점에서 본서(2010년 3월에 출간된 일서)의 번역은 시의적절하며, 본서는 녹색공급사슬분야를 연구하는 학자, 학생, 기업관계자 등에 상당히 도움이 될 수 있으며, 이 분야의 기초자료로서 활용할 충분한 가치가 있다고 본다. 본서의 저자인 스즈키 쿠니노리(鈴木邦成)교수는 주로 물류와 SCM을 중심으로 연구하고 있으며, 본서도 그 연구성과물 중의 하나에 해당한다.

마지막으로 출판사정의 어려움에도 불구하고 본서의 출판을 흔쾌히 허락해 준 우용출판사 사장님 이하 편집부관계자 여러분에게 감사의 말씀을 드린다. 또한 본서는 “2010년도 정부재원(교육과학기술부 인문사회연구역량강화사업비)으로 한국연구재단의 지원을 받아 수행하고 있는 「SSK 저탄소 녹색무역기반구축」 연구과제의 파생결과로서 번역된 것(NRF-2010-330-B00123)”이라는 것을 부기해 둔다.

역자

2011년 7월

목차

제4장 운송수단 전환의 도입과 과제 / 79

제5장 공동물류시스템의 설계와 관리 / 97

제6장 회수 · 순환형 물류시스템의 구축 / 119

제7장 에너지절감 대응의 물류시설 · 운반관리기기의 도입 / 155

제8장 물류상관행의 개선에 따른 물류의 녹색화 / 171

제9장 녹색공급사슬의 각국 비교 / 191

제10장 CO_2 배출량거래의 동향 / 209

1.1 공급사슬의 구조

'공급사슬'이란 '상품이 소비자에게 인도되기까지의 생산 · 유통과정'이다. 제조업체는 조달된 원재료로 상품을 제조, 생산한다. 완제품은 도매업자, 소매업자를 경유하여 시장에 유통되어 소비자가 구입하게 된다. 그리고 그러한 일련의 흐름을 정보로 연결하여 종합적으로 관리하는 것이 공급사슬관리(Supply Chain Management: SCM)이다.

공급사슬의 기본적인 구조를 파악하기 위하여 우선 상품이 소비자에게 인도되기까지의 흐름을 이해할 필요가 있다.

상품을 제조하는 제조업체는 원재료 등을 공급업자에게 주문한다. 그 주문을 받아 공급업자는 제조업체로 원재료 등을 배송한다. 제조업체는 공급업자로부터 수령한 원재료 등으로 상품을 공장 등에서 생산한다. 완제품은 물류업자에 의하여 수송되고 도매업자 등에게 인도된다. 그리고 소매업자를 경유하여 소비자에게 판매된다.

상류(商流)의 관점에서 보는 것도 중요하다. 부품조달과 도매업, 소매업 등을 경유하는 과정에서 상품매매계약이 몇 번이나 일어나는데, 이러한 수발주 계약의 흐름이 '상류'이다. 상류를 정확하게 파악함으로써 그것에 수반되는 물건 및 정보의 흐름도 가시화되게 된다.

SCM이란 물류, 상류, 현금흐름에 대한 공급사슬 전체를 망라하는 상세한 실시간 정보의 흐름(정보류(情報流))을 연결하는 것이다. 더욱이 정보류의 시발점은 소비자이다. 소비자의 수요를 가능한 철저하게 예측함으로써 공급사슬 전체의 이익을 도모하는 것이 가능하게 된다.

1.2 ‖ 물류관리의 견해

물류관리란 제조업체에서 소매업체까지의 상품의 흐름을 관리하는 것이다. 제조업체와 도매업, 소매업 등의 물류부서가 중심으로 되어 물류를 관리하는 경우 SCM의 구축이 중요한 테마가 된다.

이로 인하여 최근에는 물류부서가 아니라 '공급사슬총괄본부'라는 명칭의 부서를 두는 기업도 늘어나고 있다. SCM이란 생산에서 판매에 이르기까지의 물건의 흐름을 각 부문 또는 여러 기업간에 정보공유를 통해 관리하는 경영수법이다. 공유해야 할 정보에는 생산정보, 재고정보, 매출정보 등이 있다. 재고의 최적화, 최소화 등도 SCM 구축의 중요한 관건이 된다.

상품의 수주에서 출하까지의 시간단축과 업무효율, 정밀도의 향상 등도 물류부서의 중요한 임무이다. 따라서 주문을 받아도 그것이 좀처럼 고객, 소비자에게 도착하지 못하면 거래기회를 잃게 된다.

또한 신속하게 출하업무가 이루어져도 오출하, 오배송 등의 실수가 있을 경우 고객의 신용을 잃게 된다. 정확하고 신속하게 수주에서 출하, 수배송까지의 흐름이 처리되어야 한다.

또한 재고관리에 대해서도 신중하게 관리할 필요가 있다.

'출하량이 늘어 날 것이기 때문에 재고를 많이 두는 쪽이 신속하고 정확하게 대응할 수 있을 것'이라는 견해는 위험이 너무 크다.

예상했던 것 보다 더 많이 출하량이 증대하지 않으면 틀림없이 과잉재고를 안게 된다. 재고위험을 최소로 유지하면서 적절한 수배송을 할 필요가 있다.

1.3 로지스틱스전략 책정의 중요성

하주기업이 물류개선을 이행하는 경우 우선 자사의 제품과 생산에 관련되는 부품, 자재 등이 어떤 형상을 하고 있는지, 중량은 어느 정도인지, 물량은 어느 정도가 되는지 등 물류특성을 충분히 파악하여 그 중에서 '어떻게 물건의 흐름을 효율적, 전략적으로 이행할지'를 우선 고려해야 한다. 그런 후 전체적인 물류비의 절감 · 적정화를 추진해야 한다.

다만 과도한 비용절감대책은 반대로 '배후 비용'의 발생 등 반작용을 초래하는 경우도 있으므로 주의해야 한다. 비용절감지상주의는 위험하다고 할 수 있다.

더욱이 최근에는 '로지스틱스 전략방안의 책정'도 신중하게 이루어져야 할 것이다. 즉, 물류개선과정을 장기계획, 중기계획, 단기계획별로 설정하고 최종적인 목표를 명확하게 할 필요가 있다.

예컨대 장기계획에서는 물류거점의 집약과 배송네트워크의 재구축을 검증하고 중기계획에서는 창고관리제도(Warehouse Management System: WMS)와 수송관리제도(Transportation Management System; TMS) 등의 물류정보지원제도의 도입과 센터경영에 대한 연차(年次)차원에서의 효율화 등을 검토하고 그리고 단기계획에서는 일차(日次), 주차(週次)차원의 업무의 현장개선을 추진해 나간다. 동시에 적재율, 보관효율, 오출하율, 오배송율 등의 물류관리지표(KPI)의 수치개선도 목표로 해 나가야 한다.

물론 로지스틱스전략의 방침과 달성목표 등은 사회환경의 변화 등을 고려해 적시에 재고하면서 수정을 반복해 갈 필요가 있다. 또한 부분최적이 아니라 전체최적을 목표로 하는 자세도 중요하다.

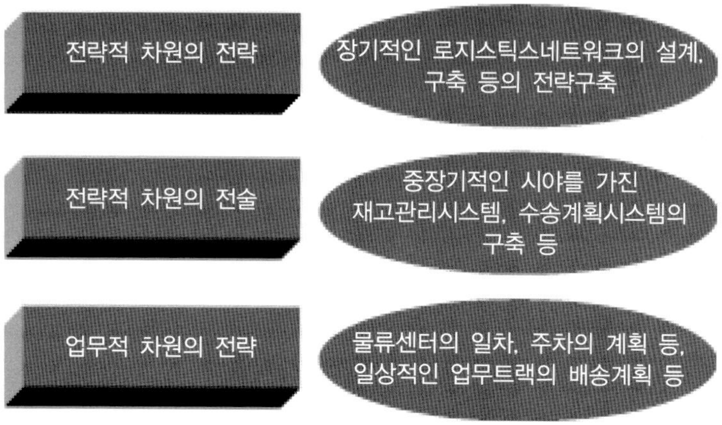

[그림 1-1] 로지스틱스전략의 책정

1.4 공급사슬의 개념과 선행연구

SCM을 간결하게 정의하면 '다수 기업간, 복수부문간의 정보공유를 통해 필요한 물건을 필요한 양만큼 필요한 때에 공급하는 것'이라 할 수 있다.

SCM에 대해 언급한 최초의 논문은 1982년에 O. R. Keith & M. D. Weber가 발표한 것이다.[1] 또한 SCM의 개념은 당초는 다수 기업간의 재고압축에 대한 대응에 중점이 놓여졌다.[2]

그 후 SCM에 관한 상당수의 논문이 발표되고 있지만, 1989년에 L. Bernard & M. Cooper는 1980년대에 발표한 논문을 집약하여 요약을 부가하였고[3] 더욱이 1997년에는 B. Christian & J. Jayaram이 유력 논문을 계통적으로 분석하여 SCM에 대하여 다방면으로 연구를 실시하였고,[4] 'SCM은 이론구축에 노력해야 하는 단계에 있으며 그 이론은 실무적으로 검증할 수 있는 것이어야 한다'고 결론을 내리고 있다.[5]

SCM의 흐름과 관련된 정보네트워크를 이용한 기업의 역사는 1970년대 후반으로까지 소급할 수 있다.

---

1) O. R. Keith & M. D. Weber, "Supply-Chain Management: Logistics Catches Up with Strategy," *Outlook*, cit. M.G. Christopher, *Logistics, The Strategic Issue*, Chapman and Hall, 1982.

2) 阿保栄司, 「サプライチェーンの時代」, 同文舘, 1998, p.126.

3) L. Bernard & M. C. Cooper, *Partnerships in Providing Customer Service: A Third-Party Perspective*, Council of Logistics Management, 1989.

4) B. Christian & J. Jayaram, "Supply Chain Management: A Strategic Perspective," *International Journal of Logistics Management*, Vol.8, No.1, 1997, pp.15-34.

5) 阿保栄司, 전게서, p.128.

다만 IT 혁명이전에는 정보인프라가 실제의 로지스틱스업무에 적합한 형태로 시스템화 할 수 없었다. 다만 SCM과 관련된 수법인 QR(Quick Response)와 효율적 소비자대응(Effective Consumer Response: ECR)이 1980년대 미국에서 탄생하여 이것을 토대로 IT 혁명이후의 SCM 개념의 면밀화, 세련화가 진전되게 된다.

실무면에서는 1990년대 초기, 미국에 거주하는 인도인 실업가 산디브 시드는 사업파트너인 켄 셔머와 협력하여 독자적인 아이디어를 바탕으로 새로운 SCM의 지원소프트인 "RHYTHM"을 완성시켰다. 에리야후 골드랏이 고안한 제약이론에 독자적으로 개발한 인공지능이론을 근거로 한 연산법(algorism)을 조합한 것이다.

그리고 SCM은 기업의 경계를 넘어 실행되는 로지스틱스활동을 중심으로 이루어지는 기업시스템의 최적화라고 보게 되었다. 현재 SCM은 '확대된 로지스틱스'라고 볼 수 있는 경우가 많지만 공급사슬 전체에서의 재고압축, 재고공유를 고려한 계층재고(echelon inventory)[6]의 개

---

6) 제조에서 소매에 이르기까지의 각 지점에서의 재고의 총량을 말한다. 예컨대 제조업자 20, 도매업자 10, 소매업자 30의 재고가 있다고 한다면, 도매업자의 '계층재고'는, 제조업자 20+도매업자 10의 합 30이 되며, 소매업자의 경우는 60이 된다. 복수계층을 가진 재고를 계층재고라 한다. 어느 제조업자가 재고센터와 배송센터를 가지고, 배송센터재고가 재고센터에서 보충된다면 이것은 제조업체의 사내에서 1계층의 계층재고로 된다. 제조업자 DC에서 직접 복수의 소매점포에 배송하게 되면 제조업자 DC에서 보아 1계층의 계층재고가 된다. 현실은 매우 복잡하다. 제조업자공장→LC→DC→도매업자DC→소매업자DC→소매점포 등의 형태로 공장에서 복수단계의 재고거점을 거쳐 소비자에게 물건이 도달되기도 한다. 이와 같은 복수계층이 있는 재고를 "multi-echelon" 재고라고 한다.

재고관리를 수행할 때에 어느 특정 거점의 재고 삭감을 책정하면 다른 거점의 재고가 그 반동으로 증대되는 경우가 있다. 재고관리가 '부분최적'에 끝나 전체적인 개선으로 연결되지 않는다. 이러한 경우 계층재고의 개념을 염두에 두고 재고전략의 구축이 추진된다. 따라서 계층재고에는 물류센터, 배송센터와 소매점포 등의 각각의 재고총량에 추가하여 트럭과 항공기, 선박 등으로 수송하는 도중에 있는 '유통재고'도 추가된다. 재고관리를 면밀하게 행하는 경우 거점별로 출화량을 조정하기 보다는 공급사슬 전체로서의 흐름을 관찰, 분석하여 하류(下流)로의

념이 중시된다. 또한 정보시스템의 구축에 대해서도 공급사슬전체로서의 정보공유가 강하게 의식되고 있다.

더욱이 SCM의 중심적인 개념에 전체최적, 부분최적이 있다. 전체최적이란 전체를 거시적으로 보면서 그 상태를 최적화하는 것이며 부분최적은 어느 특정의 프로세스를 최고의 상태로 하는 것을 말한다. 그렇다고 부분최적의 합이 전체최적으로 되는 것은 아니다.

예컨대 대량조달, 대량생산, 대량수송 등을 종단조직 하에서 행하면 대량의 과잉재고가 발생할 위험성이 있다. 그래서 생산지에서 소비지까지의 화물의 흐름과 보관, 그들의 정보를 공유하면서 관리할 필요성이 있다.

최근의 SCM은 기업의 경계를 초월하여 실행되는 정보흐름, 제품흐름, 비즈니스흐름 등에 대해 고려하게 되었다. SCM은 조직상의 경계를 초월하여 파트너기업과 고객기업이 연계된 관리체제가 구축된 '확대된 로지스틱스'라 할 수 있다.

또한 SCM은 로지스틱스 이외의 기능영역을 포함한다는 견해도 확산되었다. 즉 상품개발 · 기획의 단계에서 물류효율, 재고관리 등을 충분히 의식한 정보공유전략이 공급사슬의 강력한 파트너십 하에 이루어진다는 견해이다. 파트너십 모델을 중시하는 견해로 1992년의 제1회 글로벌공급사슬포럼에서도 이 점에 대한 고찰이 필요하다는 것에 이

물건의 흐름의 행방을 이해하면서 관리해야 정밀도가 높아지게 된다. 더욱이 발주를 행하는 재고지점에서부터 최종수요지점에 제품 등이 도착하기까지의 경과시간을 '계층리드타임'이라고 하는 경우도 있다. 'EPC 글로벌'에서는 IC 태그가 많은 정보를 탑재하기 위해서가 아니라 재고의 위치를 장악하기 위해 활용되는 방향으로 진전되고 있다. 이것은 유통재고를 정확하게 파악하여 계층재고의 차원에서 재고전략을 구축함에 있어 커다란 효과를 기대할 수 있기 때문이다. 계층재고의 개념을 이해함으로써 재고관리를 거시적이며 전략적으로 수행할 수 있게 된다.

포럼에 참가한 기업 15개사의 의견이 일치하고 있다.

SCM이란 개념은 IT 혁명이후 여러 비즈니스혁신을 거쳐 그 개념이 세련화되고 있다. 그리고 기업제휴, 정보공유시스템, 또는 공급사슬에서의 파트너십 모델의 구축을 추진하는 효과적인 경영기법으로 평가받고 있다.

〈표 1-1〉 로지스틱스와 SCM의 차이점

	로지스틱스	SCM
재고관리	각 기업이 개별로 대응한다. 재고압축, 무재고업무 등을 물류부문이 중심이 되어 추진한다.	정보공유, 수요예측을 철저히 하고 유통채널전체의 재고에 대하여 공동으로 압축을 추진한다. 취급품목수의 삭감 등을 기획 · 개발 · 영업 등과 논의하여 진행하거나 과잉반품을 회피하기 위한 제품개발안을 물류부 기점에서 발신한다.
비용절감에 대한 접근	물류비의 가시화를 추진함에 있어 기업의 비용 최소화를 실현한다.	채널전체의 효율화를 꾀하여 고비용체질을 근본적으로 개혁한다.
업무, 정보, 재고의 흐름 등의 속도	재고보유와 안전재고의 확보는 흐름의 방해로 된다는 것을 염두에 두고 가능한 재고절감을 추진한다.	재고 흐름의 고속화는 흐름을 서로 접속하는 것으로 한다. 수주생산방식의 추진, 물류효율화를 전제로 한 설계 · 개발(design for logistics)의 고도화를 도모한다. 거래처와의 공동재고관리와 공동개발, 수요예측의 공동화 등에도 역점을 둔다.
정보시스템	독립시켜 다른 기업, 경쟁하고 있는 다른 회사와의 차별화를 추진한다.	기업제휴를 추진하고 거래처와의 공존·공영을 목표로 한다.

1.5 환경부하의 저감과 비용절감의 양립

환경의 관점에서 물류의 고도화를 논하는 경우에 중요한 문제로서 지적되고 있는 것이 '환경전략의 충실과 물류효율의 향상, 비용절감 사이의 상충관계(trade-off)'에 대한 문제이다.

환경친화적인 물류를 고려하면 리드타임이 길어지거나 수송효율이 악화되는 상황을 면할 수 없으며 반대로 리드타임의 단축과 다빈도소량배송의 충실 등 물류의 효율화를 진전시키면 환경에 부하를 주게 된다. 저공해차의 도입에 비용이 소요된다는 문제도 있다.

그러므로 지금까지의 녹색물류전략에서는 '환경부하를 저감시킴으로써 사회적 이미지 향상을 도모한다'는 것이 강조된 면이 있다. 대개의 기업에서 녹색조달, 3R(reduce, recycle, reuse) 등은 비용 상의 이점보다도 사회적인 호감도의 향상을 위해 추진된 것이다.

그러나 '환경부하를 저감시키면서 비용상의 이점을 제고한다'는 방향성을 가지고 물류시스템의 혁신, 로지스틱스전략의 재구축을 포함하여 비즈니스프로세스의 최적화를 도모하는 움직임도 강화되고 있다. 로지스틱스 전략을 보다 면밀하게 구축함에 따라 환경무장도 충실하게 해나가야 한다. 단지 SCM의 녹색화를 도모할 뿐만 아니라 전략적으로 비용절감을 추진하는 것이 중시된다고 할 수 있다.

예컨대 '재고적정화를 실현하면 어느 정도 친환경이 되는지', '공간손실의 해소로 환경부하를 어느 정도 저감할 수 있는지' 등의 관점에서 정량적인 자료를 근거로 한 로지스틱스전략의 구축이 진행되고 있다.

즉, 정맥물류시스템의 구축에 있어서도 상당한 전략이 요구되고 있다. 리드타임이 비교적 길어져도 지장이 없는 정맥물류의 특성을 근거로 비용절감이 가능한 형태로 운송수단전환을 도입하는 기업도 증가하고 있다. 회수경로가 장거리인 경우에 항공기에서 선박으로 대체하여 환경부하의 저감과 글로벌 물류비의 대폭절감을 실현한 기업사례도 보고되고 있다.

1.6 녹색공급사슬의 정의

지구의 환경문제가 우려되는 가운데 공급사슬 전체의 녹색화를 이행하여 다수 기업 간의 정보공유, 비즈니스 로지스틱스, 제품취급에 대한 환경전략을 정비해 나가는 것이 Green SCM 개념이라고 주장되고 있다. 이것은 미국의 B. M. Beamon의 '녹색공급사슬의 설계' 등에 의해 주장된 개념으로 종래의 동맥부분의 정보공유, 비즈니스프로세스의 최적화를 추진하는 SCM에, 환경관리, 역물류의 관점 등을 도입하여 정맥물류의 정보공유, 비즈니스프로세스의 최적화를 추진한다는 것이다. 발생억제, 재활용, 재사용, 수리 등을 전략적으로 전개하는 것이다.[7)]

설계, 조달, 제조, 포워더로지스틱스, 역물류 전체의 최적 실현을 근거로 녹색화의 틀을 구축하는 것이 녹색공급사슬의 구축에서 중요하다고 할 수 있을 것이다.

환경보전, 환경공생에 대한 의식은 더욱더 고조되는 경향에 있으며 이 흐름을 근거로 공급사슬의 일련의 과정을 통하여 환경오염의 여러 요인을 제거하려는 움직임이 커지고 있다. 즉, SCM의 '녹색화(greening)'에 의하여 가능한 자원의 유효활용을 도모하며 폐기물 등을 감소시키는 방안이 검토되고 있다. 공급사슬내의 모든 주체가 환경정보를 공유할 필요성이 강화되고 있다.

---

7) B. M. Beamon, "Designing the Green Supply Chain," *Logistics Information Management*, Vol.12, No.4, 1999, pp.332-342.

1.7 ‖ 녹색공급사슬 설계의 요점

설계, 조달, 생산, 동맥물류, 정맥물류의 각 부문에서 '환경'의 개념을 도입하는 것이 녹색공급사슬의 구축에서 필요하게 된다.

우선 조달단계에서 환경을 의식한 '녹색조달'이 이루어진다. 녹색조달은 재활용하기 쉬운 소재와 낭비가 되는 포장을 회피하는 조달방침 하에 진행된다. 폐기물이 줄어들면 재고부담도 경감된다.

다음으로 생산단계에서는 '쓰레기 제로 공장'을 실현시킨다. 쓰레기제로공장에서는 100%의 폐기물의 재활용을 목표로 한다. 녹색관리를 철저히 하고 조달과정·생산과정에서도 공장에서 쓰레기를 발생시키지 않도록 하는 것이다. SCM의 녹색화는 사령탑적인 역할을 담당하게 된다.

그리고 환경정보, 녹색정보의 공유화를 도모하면서 수배송의 단계에서도 정차시 엔진정지(idle reduction) 등을 준수하는 '녹색운전자'의 교육을 한다. 운송수단전환과 공동물류의 도입도 필수적이다. 물론 소비자도 상품의 회수와 폐기에 관한 정보를 공유 받는 '녹색 소비자'가 될 것이다.

또한 소비자를 기점으로 한 폐기물처리프로세스, 그리고 재생, 재사용도 충실하게 함에 따라 녹색화를 철저하게 도모할 수 있다.

환경과 관련된 상품에 대한 여러 자료에 대해서는 IC 태그 등을 활용하여 추적가능성(traceability)을 충실하게 하는 것도 자주 연구되고 있다.

환경대책의 입장에서 재생과 재사용 또는 수리 등 순환형시스템의 중요성이 더욱더 고조되고 있다.

또한 지금까지는 SCM의 정보공유화가 포워드 스트림(forward stream)만으로 완결됨에 따라 회수, 재사용의 정보가 조달부문과 생산부문에는 전달되지 않았다. 그러나 순환형시스템을 원활하게 기능하게 하기 위해서는 설계, 조달의 단계에서 회수, 재사용 또는 폐기에 관한 여러 정보가 필요하게 된다.

예컨대 분해하기 쉬운 설계로 내구성이 높은 부품을 조합하면 재활, 재사용 단계에서의 시간이 경감된다. 재생에 관한 수요예측을 상품개발에 활용하는 것도 가능하게 되기 때문이다. 즉, 환경친화적인 설계 개념을 도입하는 「design for green supply chain」이 요구된다.

제2장

물류의 녹색화와 비용상 이점의 추구

물류녹색화의 추진에 있어 가장 문제가 되는 것은 친환경물류를 실현할 경우 비용 면에서 부담이 생기는지의 여부라는 점이다. 여기서는 그 점에 대하여 물류녹색화와 비용상 이점에 대한 양립이 실현가능한지를 고찰한다.

2.1 공급사슬상의 물류관리의 역할

전통적인 '물류관리'는 물류에 관한 활동 간의 관계가 관리 대상이 되어 수송, 보관, 하역, 유통가공, 포장 등 각각의 작업의 최적화가 진행되었다.

물류관리란 이러한 여러 가지 물류 활동을 가동률, 비용, 효율 등의 구체적, 정량적인 숫자로 치환하여 관리하는 것을 의미하며 예컨대 수송은 수송으로, 보관은 보관으로, 최적화를 도모하며 동시에 그들 숫자의 상호관계를 명확히 하고 물류활동전체에서의 효율화를 추진하는 것이다.

그러나 공급사슬에서의 전체최적이 중시되는 오늘날에서는 물류체계 전체가 관리대상이 되며 그 물류체계 중에서 물건이 어떻게 흐르고 있는지를 거시적으로 관리되게 되어 있다.

물류관리가 실행되는 광의의 영역은 조달물류, 생산(사내)물류, 판매(시장)물류, 회수물류의 네 가지로 대별할 수 있으며 이들 네 가지 영역을 통한 일련의 물건 흐름을 관리하는 것이다(〈그림 2-1〉참조).

동시에 SCM의 구축, 고도화를 전제로 하여 다른 부문간, 다른 기업과의 입출화 자료, 판매자료, 수요예측자료 등의 정보공유도 추진된다. 파트너기업간, 혹은 공급사슬 전체의 정보 통합이 필요하게 되는 것이다. 제품의 설계에서 판매, 수리, 폐기에 이르기까지 제품수명주기의 모든 정보를 공유하는 것이 중요하게 된다. 그것에 의하여 수요예측, 생산계획, 판매계획을 지금까지 해왔던 것 이상으로 원활하게 구축하여 나가는 것이 가능하게 된다.

2.2 지구온난화 · 대기오염방지와 물류의 관계

미국에서는 광화학연기의 발생이 사회문제화되어 1960년대에는 캘리포니아주에서 배기가스규제가 도입되었다. 일본에서도 1960년대의 고도성장시대에 트럭운송 등의 배기가스에 의한 대기오염문제가 심각하여 그 후 엄격한 배기가스규제가 실행되고 있다.

배기가스규제에 의한 대기오염방지대책으로서는 질소산화물(NOx), 부유입자상물질(PM)의 배출량 감축이 중시되어 왔다.

예컨대 일본에서는 디젤차로부터 배출되는 입자상물질에 대하여 발암성으로 인한 건강피해가 우려되어 2001년에 자동차 NOx법을 개정하여 '자동차NOx · PM법'이 성립하였으며 2002년부터 시행되고 있다. 동법에는 일정한 자동차에 관하여 질소산화물과 입자상물질의 배출이 보다 적은 자동차를 사용하도록 하는 '차종규제'도 포함되어 있다.

또한 자동차배출가스란 대기오염방지법에 의하여 '자동차의 운행에 수반하여 발생하는 일산화탄소, 탄화수소, 납, 그 밖의 사람의 건강 또는 생활환경과 관련된 피해를 발생시킬 우려가 있는 물질로 법령에서 규정한 것'으로 되어 있다.

그러나 1980년대 후반에 여러 국제회의를 통하여 기후변동에 대하여 국제적으로 대응해 나가야 한다는 목소리가 높아졌다.

특히 1988년 캐나다 토론토에서 개최된 '변화하는 지구대기에 관한 국제회의'에서는 대기관련 문제의 해결을 목표로 하는 과학자와 정부 관계자 등이 다수 모여 '2005년까지 CO_2 배출량을 1988년 수준인 20%까지 감축하는 것 등을 목표로 한다'는 것이 주장되었다. 이후 선진국에서의 환경과 물류의 관계는 '대기오염보다도 지구온난화대책'으로 이전되게 된다. NOx와 PM보다도 이산화탄소의 감축에 초점이 맞춰지게 된 것이다. 당연히 개도국, 부흥국 중에는 아직도 NOx와 PM과 같은 배기가스오염이 사회문제화되고 있는 국가도 많다.

더욱이 물류의 관점에서 보면 NOx, PM 등이 규제된 시대에는 트럭 등의 성능향상에 주목이 모아지고 가솔린차와 비교하여 대기오염에 대한 영향이 커다란 디젤차에 대한 엄격한 규제를 요구하는 주장이 강하게 제기되었다. 그런데 이산화탄소 감축에 대한 관심이 고조되자 가솔린차의 환경에 대한 영향이 우려되게 되었다.

한편 디젤차에 대해서는 유럽을 필두로 '하이브리드차와 수소자동차, 전기자동차 등의 차세대환경배려형자동차로 진행함에 있어 가교역할을 담당한다'고 하는 클린 디젤[8]을 추진하는 움직임도 크게 늘어났다.

다만 2007년 후반부터 원유 인상 등의 영향도 있어 향후는 석유이탈이 진전되어 디젤, 가솔린을 전혀 사용하지 않는 전기자동차와 수소자동차의 본격적인 실용화의 방향으로 가속도가 붙을 가능성이 높아지고 있다.

---

8) 유럽 등에서는 지구온난화의 주요 요인이 되고 있는 화석연료가 아닌 경유대체연료로서 '바이오디젤'의 연구가 진전되고 있다. 버스, 택시와 정맥물류관련의 수송차 등에 이미 실용화되고 있다. 바이오디젤은 그 특산품이기도 한 채종유와 해바라기 등의 식물류를 원료로 제조되고 있다. 유기화합물로 구성되며 경유에 비교하여 발암성물질과 산성비의 원인이 되는 유황산화물(SOx)의 배출량이 적다. 종래의 디젤차에도 그대로 사용할 수 있다. 다만 바이오디젤의 공급시스템, 인프라의 정비는 필요하다. 또한 '에탄올엔진'의 개발도 진행되고 있다. 에탄올은 사탕수수, 옥수수, 감자 등의 곡류 등의 식물섬유로부터 제조할 수 있다. 종래의 디젤엔진의 발화장치 등에 기법을 추가할 필요는 있지만 경유에 에탄올을 혼합함으로써 배기가스를 감축하는 것이 가능하다.

2.3 ‖ 환경과 물류의 상충관계 해소의 방안

환경의 관점에서 물류의 고도화를 언급함에 있어 자주 중요한 문제로서 지적되는 것으로 '환경전략과 물류효율의 향상 간 상충관계(trade-off)'의 문제가 있다.

친환경물류를 고려하면 리드타임이 길어지거나 수송효율이 낮아지는 상황을 면하지 못하고 반대로 리드타임의 단축과 다빈도소량배송의 충실 등 물류효율화를 진전시키면 환경에 부하를 주게 된다. 저공해차의 도입에 비용이 소요된다는 문제도 있다.

지금까지의 녹색물류전략에서는 환경부하를 저감시킴에 따라 사회적인 이미지향상을 도모한다는 것이 강조되어 왔던 경향이 있다. 대부분의 기업에서는 녹색조달, 3R 등은 비용상의 이점보다도 사회적인 호감도의 향상을 위하여 추진되어 왔다.

그러나 최근 미국 등에서는 '환경부하를 저감시키면서 비용상의 이점을 제고한다'는 방향성을 가지고 물류시스템의 쇄신, 로지스틱스전략의 재구축을 포함하여 비즈니스프로세스의 최적화를 도모하는 움직임이 강조되고 있다. 로지스틱스전략을 보다 면밀하게 구축함에 따라 녹색물류전략도 충실하게 하는 것이다. 단지 SCM의 녹색화를 도모할 뿐만 아니라 전략적으로 비용절감을 추진하는 것이 중시되고 있다고 할 수 있다.

예컨대 '재고적정화를 실현하면 어느 정도로 친환경적인지, 공간손실의 해소로 환경부하를 어느 정도 저감할 수 있는지' 등 정량적인 자료를 근거로 한 로지스틱스전략의 구축이 진전되고 있다.

더욱이 정맥물류시스템의 구축에서도 높은 전략성이 요구되게 되고 있다. 리드타임이 비교적 길어져도 지장이 없다고 하는 정맥물류의 특성을 근거로 하여 비용절감이 가능한 형태로 운송수단전환을 도입하는 기업도 증가하고 있다. 회수경로가 장거리라는 이유로 항공편에서 선편으로 대체하여 환경부하의 저감과 글로벌 물류비의 대폭절감을 실현한 기업사례도 보고되고 있다.

2.4 녹색공급사슬상 상충관계해소의 방안

〈표 2-1〉, 〈표 2-2〉는 녹색공급사슬의 구축과 비용 상의 이점의 양립을 시각적으로 작성한 매트릭스이다.

예컨대 녹색조달을 추진하는 경우 재활용, 재사용품 등의 재고에 대해서도 JIT(Just in Time) 방식을 도입하여 적정하게 관리할 수 있는 체제의 구축을 목표로 한다.

〈표 2-1〉 녹색공급사슬의 구축과 비용상 이점의 양립

	이미지향상	환경면에서의 이점	로지스틱스전략	비용상의 이점
녹색조달	긍정적인 매체보도 등에 의한 일반소비자, 고객기업 등에 대한 지지확대	유해물질의 사용절감에 의한 환경부하의 저감	표준부품의 구입, 공동조달시스템의 구축	공동물류의 도입 등으로 실현
녹색포장	회수 가능한 상자를 이용하는 것에 의한 공공적 이미지의 개선	자원유효이용, 폐기물의 감소	트럭수송의 향상, 용적률제고 등의 촉진	포장의 간략화 등의 추진으로 실현
재사용	일반소비자, 고객기업, 기관투자가 등에 대한 지원확대	원료의 채굴, 채취의 감소	효율적인 순환형 시스템의 구축, 공동물류, 운송수단 전환	재사용부품의 판매, 재사용 등을 촉진
회수·재활용	제품의 품질과 신용에 관한 고객의 관심을 제고	자원의 유효이용 촉진	공동물류화, 운송수단전환의 도입	재활용품의 판매, 재사용 등을 추진
발생억제	긍정적인 매체보도 등에 의한 일반소비자, 고객기업 등에 대한 지지확대	포장의 쓰레기화를 회피	재고삭감의 추진, 수·배송시스템에 대한 효율화	수송비용, 보관비의 절감을 실현
폐기물처리	지역사회로부터의 반발을 회피하며 공공적 이미지의 향상	유해물질의 사용삭감에 의한 환경보전	폐기물량의 삭감, 폐기물수송의 효율화	폐기물의 배출량을 감축하여 정맥물류의 비용절감을 실현

자료 : 鈴木邦成, "環境的側面を重視したこれからのロジスティクス", 「DAIFUKU NEWS」, Vol.187, 2007.

〈표 2-2〉 Green SCM 추진의 부문별 주제어 정리

부문	주제어
운반관리부문	배달용 상자시스템의 구축, 에너지절약형 운반관리기기·시스템의 도입
재고관리부문	MRO(기업성소모성자재: 유지(Maintenance) 보수(Repair), 운영(Operation)): 수선물류의 재고관리의 치밀화
에너지절약부문	발생억제관련 프로젝트의 추진에 의한 비용절감의 실현
폐기부문	효율적, 합리적인 폐기시스템의 구축
제품회수부문	소비자·유통사업자로부터의 효율적, 합리적인 회수시스템의 구축(인터모델회수시스템의 도입)

또는 로지스틱스전략으로써 표준부품의 구입을 촉진하거나 공동조달시스템의 구축이 있다. 트럭의 트럭수송, 재활용부품 등의 보관효율에 보다 관심을 기울일 필요가 있다.

녹색포장에 대해서는 접이식 컨테이너와 배달용 상자[9]를 이용하여 공공적인 이미지를 개선할 수 있다.

[그림 2-3] 배달용 상자의 예

또한 배달용 상자의 도입 등에 의한 포장과 관련된 낭비의 배제, 포장작업의 간소화에 대해서도 트럭수송, 보관효율의 향상, 포장비용의

9) 배달용 상자는 상점과 제조업체 등이 거래처와 고객에게 주문 물건을 넣어 전달하는데 사용하는 상자를 말한다. 몇 번이나 사용가능하여 비용을 절감할 수 있으며, 환경에 대응하고 기업간 거래를 유리하게 진행시킨다. 현재 유통현장에서는 배출 제로(폐기물 제로)의 추진, 녹색조달, 재활용 관련법으로의 대응에서 폐기물의 억제를 요구하는 목소리가 높아지고 있다. 그래서 주목 받고 있는 것이, 매번 골판지를 파기하지 않고 재사용하는 것을 전제로 한 상자, "배달용 상자"를 도입하고 있다. 이것은 반복 사용이 가능한 플라스틱 제로 배달용 상자가 적합하다.

2.6 ‖ 하주기업의 환경전략의 목적과 방향성

하주기업은 공급사슬의 녹색화를 촉진하고 환경조화형, 순환경 사회를 구축해 나가는 사회적인 의무를 부담하고 있다고 볼 수 있다. 즉, 녹색공급사슬의 구축이 필요하게 될 것이다. 따라서 녹색디자인, 녹색운반관리, 녹색제품을 도입하고 생산, 물류과정 등에서 녹색과정을 확립하여 가는 것이 바람직할 것이다.

재자원화의 공정에서 부품이 분해되기 어려운 점이 있지만 이것은 재사용, 재활용을 고려하지 않고 제품설계가 이루어지고 있는 경우가 많기 때문이다. 그러므로 상품의 재활용에 대하여 정확한 정보를 공급사슬전체에서 공유함으로써 순환과정에서 이러한 문제를 감소시킬 수 있다. 이 측면을 순환형 로지스틱스의 '원류(源流)관리기능'이라 부른다.

또한 순환형 로지스틱스를 원활하게 하는 것에는 제품이 시발점으로 돌아오도록 하는 설계와 구성도 필요하게 된다. 이것을 순환형 로지스틱스에서의 '환류(還流)촉진기능'이라 부르고 있다.

더욱이 말하면 원류, 환류의 여러 공정에서 순환형 로지스틱스를 원활하게 기능하게 하기 위하여 타부문 · 타사와의 협업을 추진한다는 측면을 '협력기능'이라 부르고 있다. 그리고 하주기업에는 물류기업과의 협력 하에 원류관리기능, 환류촉진기능, 협력기능의 상호적 연대를 강화하고 추진해 나가는 것이 바람직하다.

(1) 원류(源流)관리기능

물류를 순환과정으로 파악한 경우 상류(上流)의 모든 공정에 대하여 정보를 발신하는 것이 요구된다. 자기 공정에서 발생한 불합리를 하류(下流)의 과정으로 위임하면 궁극적으로는 자신에게 그 영향이 보다 커지게 되어 되돌아오는 것이 된다. 그리고 그것이 악순환을 초래하는 가능성도 있다. 따라서 정확한 정보를 신속하게 발신함으로써 이러한 악순환을 초래하는 것을 회피할 필요가 있다. 이것이 원류관리이다.

제조업체 등의 원류관리의 일례로서 '쓰레기제로공장'을 들 수 있다. 쓰레기제로공장이란 폐기물을 반입하지 않고 반출하지 않는 시스템을 가진 공장을 말한다. 단순한 쓰레기처리의 충실뿐만 아니라 원류관리를 염두에 두고 쓰레기를 발생시키지 않는 시스템을 구축하는 것에 중점이 놓여 있다.

(2) 환류촉진기능

사용이 완료된 제품이 소비자로부터 다시 제조업체 등으로 되돌아오는 설계와 구성 등이 이루어지고 있는 순환형 로지스틱스에서의 측면을 환류촉진기능이라 부르고 있다. 리스용의 업무용복사기 등은 그 하나의 예이다.

리스용의 업무복사기는 리스기간이 종료되면 제조업체에 되돌아오는, 즉 리스라는 고안이 회수시스템에 편성되어 있기 때문에 반드시 제조업체에게 되돌아가 불법 투기될 위험성이 적게 된다. 음료제조업체의 병 등도 예치금제도에 의하여 소비자가 판매점에 병을 회수하면 병의 요금이 환급된다는 구성으로 되어 있기 때문에 병의 회수가 용이하게 된다. 제조업체 등의 하주기업에는 환류촉진기능을 편성한 제품 · 유통시스템의 개발 · 연구가 요구된다.

(3) 협력기능

순환형시스템의 구축에서 표준화, 시스템화, 공동화 등 타부문 · 타사와의 협업이 중요한 의미를 가진다. 이러한 측면을 순환형 로지스틱스의 협력기능이라 한다. 제조업체 주도의 공동물류 추진 등에 의한 환경조화형 물류시스템의 구축과 정맥물류부문에서의 물류정보지원시스템의 도입에 의한 정보공유화 등이 협력기능의 실례로 들 수 있다.

2.7 물류사업자의 환경전략의 목적과 방향성

에너지사용의 합리화를 목적으로 제정된 에너지절약법[12)]에서는 일정규모이상의 수송능력을 가진 수송사업자에게 중장기계획의 책정, 에너지사용량 등에 대한 정기보고서의 제출 등을 의무화하고 있다. 또한 수송사업자에 대한 에너지절약대책추진의 협력의무를 규정하고 있다. 여기서 말하는 수송사업자란 화물수송사업자, 여객수송사업자, 항공수송사업자를 말하며 트럭수송, 해운, 항공운송 등의 물류사업자도 당연히 이 중에 포함된다.

화물수송에 대해서는 저연료차량 등의 도입, 에코운전의 추진, 공동수송 등의 실시에 의한 트럭수송향상과 되돌아 올 때의 화물의 확보, 회송운행거리의 최소화, 공차주행의 감소 등이 그 방안으로 들 수 있다.

또한 수송사업에 추가하여 '공장 또는 사업장의 에너지 사용의 합리화'의 관점에서 물류센터 등 소비전력의 절감을 도모하는 것도 물류사업에 부과되고 있다.

물류사업자는 그러한 점을 근거로 하여 CO_2 감축을 축으로 환경전략을 추진해야 할 것이다.

---

12) 에너지소비량의 증대가 현저한 운수·수송 분야에 대하여 수송활동에 종사하는 하주기업, 물류사업자에게 의무를 부과하는 것을 목적으로 1979년에 성립한 에너지 사용의 합리화에 관한 법률(에너지절약법)을 개정하여 2006년 4월부터 시행하고 있다. 하주기업과 물류사업자의 제휴에 의하여 운송수단전환수송 등을 지금까지 추진하였다. 이산화탄소의 배출량을 억제하는 것이 주요 목표이다. 한편 2009년 개정(완전시행은 2010년)에서는 주택·건축물과 관련된 대책에 있어서 거점단위의 규제에서 기업단위의 규제로 변경되어 프랜차이즈 사슬도 규제 대상이 되었다.

J. Sarkis의 "공급사슬의 녹색화(Greening the Supply Chain)"[13]로 수송수단의 개선모델로서 수송수단의 선택, 수 · 배송스케줄의 정밀화, 출하빈도 · 보완빈도 등의 전략적 결정, 전략적인 연비계산 등을 들 수 있다.

또한 사회환경의 변화를 충분히 분석 · 고려하여 기업특성·물류특성의 충분한 검증을 한 후에 로지스틱스 혁신에 대한 충분한 배려를 하고 전략을 결정할 필요가 있다.

구체적 환경대책으로서는 아래의 선택사항이 고려된다.

① 저공해차 등의 도입, ② 에코드라이브 등을 의식한 종업원에 대한 환경교육의 철저, ③ 구하구차(求荷求車)시스템의 활용에 의한 돌아올 때의 화물 확보, ④ 경로최적화의 추진, ⑤ 공동수배송 · 공동물류의 실시, ⑥ 운송수단전환의 개선, ⑦ 물류상관행의 개선, ⑧ 에너지절약대응의 물류시설 · 운반관리기기의 도입, ⑨ 에코운전지원도구의 도입, ⑩ Green SCM을 추진하는 물류지원정보시스템의 기반정비.

(1) 저공해차의 도입

종래의 가솔린차, 디젤차 등에 비교하여 NOx, PM, CO_2 등의 배출량이 적은 저공해차의 개발이 진전되고 있다. 또한 저공해차에는 전기자동차, 천연가스자동차, 하이브리드자동차, 메탄올자동차, 천연전지자동차 등을 들 수 있다.

① 전기자동차(EV)

2008년 이후의 원유, 가솔린가격의 인상 등을 계기로 전기자동차에 대한 관심이 급속하게 고조되었다. 실용화를 위한 움직임

13) J. Sarkis, *Greening the Supply Chain*, Springer, 2010.

도 가속화되고 있다. 또한 미국의 오바마대통령은 차세대의 전기자동차의 개발 · 제조에 거액을 투자하기로 하고 있다. 다만 물류수송의 중추가 되는 트럭 등 대형차의 경우 그 본격적인 실용화에서는 비용면의 과제, 또는 배터리를 대량으로 탑재해야하므로 차체가 무거워지는 등 기술면의 과제 등 극복해야 하는 장애가 적지 않다. 주행 시의 소음이 적은 것에서 보행자가 접근의 위험을 알아보기 어려워지는 점 등도 본격적인 보급의 문제점으로 지적되고 있다. 또한 장거리수송에 대응하는 전기보급설비 등의 사회인프라 구축도 필요하게 된다.

② 천연가스자동차

메탄올을 주성분으로 하는 압축천연가스를 연료로 한다. NOx와 CO_2의 배출량이 적어 도시의 화물집하차 등에 적합하다. 다만 연료의 탑재성이 높지 않고 1회의 충전으로 주행할 수 있는 거리가 짧은 것 등을 단점으로 들 수 있다. 이로 인하여 연료용기의 경량화와 고압화 등에 대한 연구를 더욱 더 진전시킬 필요가 있다.

③ 하이브리드자동차

가솔린엔진과 전기모터 등의 상이한 동력원을 조합하여 효율적으로 에너지를 사용하는 자동차를 말한다. 배기가스의 청정화 등 환경면의 이점이 많다. 다만 고성능이며 낮은 비용의 배터리의 개발과 연료성능의 개선 등이 더욱 요구되고 있다.

④ 메탄올자동차

천연가스 등에서 제조되는 액체연료를 이용한 자동차를 말한다. 메탄올연료는 저축성과 가연성이 좋아 자동차에 적합하다. 다만 저온에서는 시동이 걸리지 않는 등의 단점도 있다.

⑤ 연료전지자동차

수소와 산소의 화학반응에 의하여 전기에너지를 발생시키며 그것을 이용하여 주행하는 자동차를 말한다. 수소발생장치를 자동차에 탑재하는 방법 등이 있다. 차량 내에서 수소(H) 저장기술 등이 과제로 남아 있지만 효율이 좋고 청정이기 때문에 실용화를 위한 실증실험이 세계 각국에서 이루어지고 있다.

(2) 에코드라이브 등을 의식한 종업원에 대한 환경교육의 철저

친환경적인 운전을 하는 '녹색운전자'의 양성, 교육을 하는 것도 물류사업자의 중요한 사명이라 할 수 있다.

에코운전을 실현하기 위해서는 급발진 · 급가속 · 급정지 등을 가능한 피하고 경제속도로의 정속운전의 실천, 주정차 때에 엔진정지(idling stop)와 과적주행의 회피 등이 필요하게 된다. 각 도도부현의 조례에서도 주정차 때의 엔진정지는 운전자에게 의무화되어 있다.

물류사업자는 운전자뿐만 아니라 사무직원도 포함한 전 종업원에 대하여 환경교육을 하고 에코운전의 중요성과 환경 전반에 대한 의식을 제고할 필요가 있다. 사내적으로 '환경의 날' 등을 선정하여 사내의 환경담당자, 임원, 더욱이 외부강사 등에 의한 환경세미나를 정기적으로 실시하는 것도 중요하다.

(3) 구하구차시스템의 활용에 의한 돌아올 때의 화물의 확보

구하구차시스템은 트라박스, 큐소유통시스템, WebKit, JLN 등의 시스템이 대표적이다.

트럭수송을 하는 경우 왕로(往路)에는 화물이 있어도 복로(復路)에는 화물, 즉 '돌아올 때의 화물'(복운송시의 화물)이 없는 경우가 있다. 공동수배송 등을 추진하여 돌아올 때의 화물을 미리 확보할 수 있다면 문제는 없지만 그러하지 않는 경우 어떻게 돌아올 때의 화물을 확보할지라는 것이 환경대책의 시점에서도 중요하게 된다.

그래서 구하구차시스템의 활용이 환경면에서도 기대되게 된다. 구하구차시스템에서는 네트워크상의 등록정보에서 자사가 이용하고자 하는 화물차량정보와 운송하고자 하는 화물정보를 검색 또는 경매를 통해 빈 트럭정보와 화물수송에 대한 요구를 충족시킬 수 있다. 하주기업에서는 필요한 수송수단의 확보와 수송비의 절감도 용이하게 된다. 더욱이 물류사업자에게는 비즈니스기회의 확대와 수송효율의 향상에도 연결된다.

(4) 경로최적화의 추진

수배송관리시스템(TMS), 디지털 타코그래프[14] 등을 도입함으로써 트럭수송의 경로 등의 낭비를 절약하게 한다. 효율적인 운행계획을 하고 배송처의 추가와 변경 등이 빈번하게 발생하지 못하도록 주의할 필요가 있다. 또한 오배송의 빈발도 환경에 있어 마이너스가 된다.

---

14) 디지털 타코그래프(digital tachograph)란, 자동차의 운행상황(시간 · 거리 · 주행속도의 법정 3요소)를 연속적으로 기록하는 장치를 말한다. 현재 국토교통성에 의하여 영업용 차량(5톤 이상의 트럭 · 정령으로 지정한 도시의 택시 · 대형관광버스 등)에 대한 타코그래프의 장착과 1년간의 차트지의 보관이 의무화되고 있다.

(5) 공동수배송 · 공동물류의 실시

공동수배송, 공동물류를 실시함으로써 화물과 트럭, 시설을 통합관리 함으로써 친환경 물류시스템을 구축하는 것이 가능하게 된다.

물류공동화란 상이한 기업이 각각의 물류기능(수송, 보관, 정보시스템, 수송네트워킹, 수배송거점, 물류지원정보시스템 등)을 공유하는 것을 가리킨다.

장거리트럭수송의 경우 돌아올 때의 화물 확보를 2개사 이상에서 협력하여 수행한다는 비교적 단순한 공동화에서부터 공동의 배송거점에서 일괄보관 · 공동배송시스템을 도입하거나, 나아가 상이한 기업 간에 각각의 물류기능을 위탁하는 기구를 만들어 그곳에 위탁하는 것까지 있다.

또한 물류기업이 중심으로 되어 경쟁하는 동업사의 물류를 공동화하게 하는 시스템을 구축하고 있는 사례도 보고되고 있다.

(6) 운송수단전환의 도입

간선수송에서 트럭수송을 철도와 내항해운수송 등으로 대체하고 모든 행정을 트럭뿐만 아니라 복수의 수송기관을 조합한 수송을 추진하는 것을 운송수단전환(modal shift)이라 한다. 즉, 복합일관수송을 말한다. 다만 해외에서는 'Intermodal'이라고 하는 경우가 많다.[15)]

트럭수송의 모두를 철도수송과 해상수송으로 대체하는 것은 어렵더라도 수송의 일부를 철도 또는 선박으로 대체함으로써 CO_2 절감을 추진하는 방안으로 상당한 효과를 기대할 수 있다.

---

15) 일본에서는 구 운수성 주도로 운송수단전환의 명칭이 이용되었지만 구 건설성은 "modal mix"라고 부르고 있었다. 유럽과 미국에서의 "Intermodal"과 거의 동의어이다.

(7) 물류상관행의 개선

일본경제산업성은 소재산업 등 21개 업종에 대하여 물류합리화지침(1992년)을 책정하고 있다. 물류면의 개선해야 할 상관행으로서 배송의 계획화 · 배송로트 · 배송빈도 · 최단리드타임 · 포장의 적정화 · 물류의 파동성의 평준화 · 납입시간지정의 적정화 등을 들고 있다. 물류상관행을 개선함으로써 환경면에도 커다란 플러스 효과가 있다.

(8) 에너지절약대응의 물류시설 · 운반관리기기의 도입

물류시설, 운반관리기기의 에너지절약에 대해서도 관심이 높아지고 있다. 물류시설의 옥상녹화, 벽면녹화, 태양광발전시스템, LED의 증명, 센서 등의 도입을 추진함으로써 CO_2 배출량을 감축하게 하거나 종래와 비교하여 에너지절감효율이 좋은 자동창고, 이동선반, 컨베이어벨트 등의 운반관리기기를 도입하려는 움직임이 높아지고 있다. 물류시설 · 운반관리기기를 최첨단의 환경무장을 갖추게 하는 것은 초기비용(initial cost)은 크지만 도입 후의 운용비용(running cost)을 억제할 수 있으므로 장기적인 관점에서 보면 전체적으로 비용절감이 도모되게 된다.

(9) 에코운전의 지원도구의 도입

타이어공기압 · 온도모니터링시스템의 도입 또는 에어필터의 장착 등을 행하는 것으로 에코운전을 보다 효과적으로 실현하는 것이 가능하게 된다. 또한 운전자의 임시수면, 화물대기를 할 때에 엔진정지의 상태에서 사용할 수 있는 바베스트 히터[16]를 대형트럭에 도

16) 바베스트 히터(Webasto Heater)는 엔진정지 상태에서 사용할 수 있는 난방

입하는 것도 하나의 방안이다.

(10) Green SCM을 추진하는 물류지원정보시스템의 기반정비

IT를 활용함에 따라 환경부하를 저감시킨 물류시스템을 구축하는 것이 가능하게 된다. 그리고 이러한 관점에서 구하구차(求荷求車), 구창(求倉), 화물추적시스템 등을 구축함에 있어 공통기반이 되는 ASP(Application Service Provider)와 그 진화형에 해당하는 SaaS (Software as a Service) 등에 대한 관심도 고조되고 있다.[17)]

SaaS는 구하구차시스템, 온라인조달시스템, WMS, TMS, 네트워크판매시스템, 인사 · 인재관리시스템 등에 널리 도입되고 있으며 물류비즈니스에 있어 불가결한 요소가 되고 있다. SaaS형 소프트웨어의 이점으로서는 '낮은 비용으로 신속한 사용이 가능', '관리 · 운용을 소프트웨어 제공자에게 완전히 위탁할 수 있고', '보수 · 유지, 연구개발 비용이 소요되지 않는 것' 등을 들 수 있다.

최첨단의 소프트웨어를 구입하면 초기도입에서 거액의 비용이 소요된다. 그러나 SaaS형의 시스템이라면 매월의 사용료를 지급하

기기이다. 트럭과 특수차량, 캠핑카 등 장시간 정지 상태에 있는 차량에 장착가능하다. 연료소비량은 적은 편이다(대형트럭의 연료비교에서는 약 1/10). CO_2 배출량을 크게 감축하는 기기로서 국토교통성에서 에코드라이브기기로 인정하고 있다.

17) 웹경유로 소프트웨어의 기능을 제공하는 비즈니스모델이다. SaaS의 이용자는 소프트웨어를 구입하여 소유하지 않고 그 기능을 이용하게 된다. 이른바 라이선스판매에서 구입할 수 있는 소프트웨어와는 다르다. SaaS와 매우 가까운 개념인 ASP란 비즈니스 애플리케이션을 제공하고 운영하는 웹경유의 서비스이다. SaaS는 ASP의 진화형이라 볼 수 있다. 크라우드 컴퓨팅(cloud computing)이라는 개념이 이용되는 경우도 있다. 다만 ASP의 경우는 팩키지소프트웨어로서 어느 정도 완성된 것이 인터넷에서도 이용할 수 있게 되었다는 형태인 것에 대하여 SaaS의 경우는 당초부터 인터넷대응을 의식하여 개발되고 있다는 특징이 있다. 이로 인하여 SaaS형의 쪽이 다른 애플리케이션과의 웹상에서의 제휴와 물류망보안관리에 뛰어나다.

는 것만으로 저렴한 가격으로 고도의 시스템 도입이 가능하게 된다. 또한 도입기간도 짧고 유지·보수작업의 비용도 거의 소요되지 않으며 소프트웨어의 버전업을 고려할 필요도 없게 된다. 자사환경, 경제환경의 변화 등에도 유연하며 신속하게 대응할 수 있게 된다. 더욱이 경영방침이 변경되었기 때문에 계약을 중지하고자 하는 때에도 비용적인 문제는 거의 없이 신속한 해약이 가능하다.

SaaS형 물류지원정보시스템의 보급이 활성화되면 친환경정보시스템의 도입이 더욱더 신속하고 원활하게 실현되게 된다.

제3장

사회환경의 변화와 녹색공급사슬의 구축

녹색공급사슬의 구축에서 물류관련의 환경규제 강화와 사회환경의 변화는 중요한 요소이다. 여기서는 그 점을 고려하여 사회환경의 변화와 녹색공급사슬의 구축관계에 대하여 해설하고자 한다.

3.1 ‖ 외국의 물류환경규제

주지와 같이 지구온난화의 문제는 1992년 '기후변화협약', 1997년 '교토의정서'의 채택에 의하여 세계적인 현안으로 인식되고 있다.

운수부문의 CO_2 배출량은 경제활동전체의 약 20%에 상당하며 따라서 물류활동의 CO_2 배출량의 억제는 중요한 과제가 되고 있다.

아래에서는 해외의 물류환경규제에 대한 동향과 과제를 설명한다.

3.1.1 물류환경규제관련의 법규체계의 개요

물류환경관련의 법규는, ① 대기오염의 방지(배기가스규제 등), ② 순환형 사회의 구축을 촉진하는 재활용 등의 촉진, ③ CO_2 배출량 억제로 크게 세 가지로 나누어 고려할 수 있다.

일본의 물류환경규제는 1970년대부터 시작되고 있으며 1990년대부터 급속하게 진전된 유럽, 2000년대부터 규제강화에 본격적으로 나서고 있는 중국 등과 비교하여 시도는 빠른 것이었다. 그러나 유럽과 중국은 단기간에 일본 이상의 규제를 계속적으로 도입하고 있다.

(1) 유럽에서의 배기가스규제의 세계적인 동향

유럽 · 미국의 배기가스규제는 1970년대부터 엄격하게 시행되고 있으며 현재 대부분의 선진국에서는 약 30년 전과 비교하여 배출되는 유해물질의 양은 1/100 이하로 감소되고 있다.

미국에서는 제2차 세계대전 후 광화학 스모그[18]가 커다란 사회문제가 되어 그 해결책으로써 배기가스규제가 도입되게 되었다. 그 결과 분지이기 때문에 대기오염의 영향을 받기 쉬워서 사태가 심각화된 캘리포니아주를 필두로 1966년 이후 각주에 배기가스규제가 도입되었다. 1970년에는 머스키법(대기청정법)[19]이 제정되었다. 동법은 1975년 이후 생산한 자동차의 배기가스기준을 1970년형 자동차의 배기가스배출량의 10%로 억제한다는 내용이었다. 1975년에는 제조업체평균연비규제가 도입되었다.

더욱이 1990년에는 연방대기청정법이 제정되어 배기가스규제가 더욱더 강화되었다. 또한 2003년에는 클리어 스카이법[20]에 의하여 CO_2,

---

18) 광화학 스모그(photochemical smog)란 오염된 대기 중의 탄화수소와 질소산화물로 구성되며 광화학반응에 의하여 생성하는 스모그이다. 최초 미국의 로스앤젤리스에서 발견되었기 때문에 '로스앤젤리스형 스모그'라고 불리는 경우도 있다. 질소산화물 중 이산화질소(NO_2)는 태양광선을 흡수하여 일산화탄소와 산소원자로 분해되지만 이 산소원자의 대부분은 산소분자와 결합하여 오존이 된다. 이 오존과 질소산화물 등의 산화성 물질과 탄화수소 사이의 복잡한 반응으로 여러 오염물질이 생성되는 것으로 보고 있다.

19) 이 법은 미국의 환경보전, 특히 자동차의 배출가스에 의한 대기오염을 규제하기 위하여 제정된 법률이다. 1963년에 제정된 대기청정법(Clean Air Act)을 강화한 1970년 동법의 수정법이다. 이러한 획기적인 강화를 꾀한 민주당 Edmund S. Muskie 상원의원(1914—1996)의 이름을 따 동 수정법을 '머스키법(Muskie Act)'이라 부르고 있다. 변호사 출신의 그는 메인주 선출 상원의원을 1959년부터 1980년까지 역임하였다. 동법의 특색은 1970년형 자동차의 배출가스에 대하여 일산화탄소와 탄화수소를 1975년까지 90% 감축하고 마찬가지로 질소산화물에 대하여는 1976년까지 90% 감축하여야 한다는 것이다. 이것을 달성할 수 없는 자동차는 판매금지다. 공해대책으로서 실로 주목하여야 할 것이며 일본의 자동차업계에도 커다란 영향을 주었다. 그 후 석유파동으로 미국업계는 이 규제를 등한시하였지만 1974년 여름에 시민 주도의 7대도시 조사단의 활동압력이 고조되었다. 한편 일본의 업계에서는 규제에 합격하는 저공해 자동차를 계속적으로 개발하여 세계진출의 기회를 포착하게 되었다. 또한 광의로는 1972년에 개정 · 성립한 연방수질오염방지법(Federal Water Pollution Control Act Amendments 1972), 즉 '수질의 머스키법'도 있다. 이는 오염물질을 전혀 일반수역에 배출하지 않는다는 획기적인 목표를 제시하였다.

20) 미국 부시 대통령은 연두교서에서 2003년 클리어 스카이 법 (Clear Skies Act 2003)을 언급하고, "이 법안의 통과는 더욱 깨끗한 공기, 보다 나은 건강, 더

NOx, 수은의 배출에 상한이 규정되었다.

한편 EU에서도 EU 전체의 환경대책으로써 'EURO 규제'가 단계적으로 유럽 전국가에 도입되어 연비규제가 중시되고 있다. 중국 등에서도 유럽의 'EURO 규제'가 도입되고 있다.

(2) 순환형 사회의 구축을 촉진하는 재활용, 재사용의 촉진

순환형 사회의 구축을 촉진하고 효율적인 재활용, 재사용을 촉진하기 위한 법규제 강화도 각국에서 진전되고 있다.

EU에서는 전기전자제품의 재활용에 관한 지침인 WEEE 지침('폐전기전자기기지침'), RoHS 지침('전기전자기기의 유해물질함유금지령'), REACH 지침('화학물질의 종합적인 등록, 평가, 인가, 제한에 관한 지침') 등에 의하여 재활용에 용이한 설계 등을 할 의무가 제조업자에게 부과되어 있다. 또한 폐전기전자기기의 처리는 제조업자의 책임으로 이루어지고 수은을 포함한 부품 등 지정한 부품을 제외해야 하는 것으로 되어 있다. 더욱이 처리시설과 사용자에 대한 정보개시도 의무화되어 있다.[21]

미국의 재활용법의 경우 각주에서 제정되어 있는데, 예컨대 하이

밝은 미래를 보장할 것이다. 법에 의해 실시되는 배출량거래는 발전소가 배출을 조기에 줄이자는 의욕을 갖게 할 것이다"라고 말했다. 이 법안은 2003년 2월 의회에 제출되었다. 이 법은 발전에 의한 이산화유황(SO_2), 질소산화물(NOx)과 수은의 배출에 상한을 두고 배출량을 극적으로 감소시켜 2000년 수준보다 70% 감축하고자 하는 강제력을 가진 계획이다. 현재 청정대기법보다 더욱 신속하고 확실하게 소비자의 부담을 적게하고 의료혜택을 제공하자는 것이다. "이 법의 시장기반의 상한-거래 계획"에 의거한 강제적인 배출감축은 청정대기법의 계획에 따라 사람의 건강과 환경목표달성을 용이하게 하자는 것이다.

21) 지침은 EU 전체에서 법적 구속력을 가진다. EU 가맹국은 지침에 근거하여 국내법을 정비해야 한다.

테크폐기물의 재활용에 대해서도 법률이 제정되어 있는 캘리포니아주에서는 전기전자제품판매를 할 때에 EU의 RoHS 지침으로 판매가 금지되어 있는 제품에 대해서는 캘리포니아주에서도 금지되게 되어 있다.

중국에서도 '중국판 RoHS'를 통하여 '전자신식산품오염공제관리변법'(電子信息産品汚染控制管理弁法)이 시행되고 유독유해물질의 사용금지, 컴퓨터제품, 라디오 · 텔레비전제품 등을 대상으로 한 재활용체제가 정비되고 있다.

더욱이 EU에는 제품에 대해 포괄적이며 특정한 에코디자인이 요구되는 'ERP 지침', '자동차원재료부품과 소재의 모두를 대상으로 한 중금속규제' 및 '유럽판 자동차재활용법'으로 위치화되어 있는 'ELV 지침' 등도 있다.

ELV 지침에서는 "새롭게 자동차를 설계 또는 생산하는 경우 자동차의 폐기시점에서의 재활용성을 고려해야 한다"는 엄격한 내용이 포함되어 있다. 유해물질의 사용규제도 엄격하게 이루어지고 있다. 더욱이 최종소유자로부터 무상으로 인수하여 설정된 재자원률의 목표치를 통과해야 하는 것으로 되어 있다.

동 지침에서는 자동차제조업체는 2015년에는 폐기차량에 대해 평균중량의 최저 95% 이상을 회수하고 85% 이상을 재이용하여야 하며 모니터링시스템도 도입해야 한다. 일본에서도 자동차재활용법이 시행되었지만 유럽에 비교하면 개선하여야 할 점이 많이 있다고 할 수 있다.

(3) CO_2 배출량의 억제

1990년대 전반까지는 물류환경규제로서 배기가스규제가 중시되어 왔지만, 1997년 교토의정서 이후는 연비규제(CO_2 절감)에 중점을 두기 시작하고 있다. '배기가스규제를 강화하고 도시 등의 밀집지역에서의 대기오염문제를 해결한다'는 자세에서 '연비규제에 중점을 두고 에너지절약·CO_2 절감을 촉진하고 지구온난화에 종지부를 찍는다'는 방향으로 변화된 것이다.

이와 같은 흐름 가운데 EU에서는 가맹국 공통의 에너지절약정책에 대한 두 가지 내용으로 '에너지절약의 강화'와 '재생가능한 에너지의 개발'을 들고 있다. 유럽위원회는 에너지절약지침을 채택하여 가맹 각국은 지침에 근거한 국내법의 정비를 진행하고 있다.

EU에서는 CO_2 배출량거래시장이 장래 수억 유로 규모로 확대될 것으로 예측하여 그 관련기술, 노하우에 대하여 유럽이 리더십을 장악해 갈 것으로 보고 있다. 2004년에는 EU가맹국이 해외에서의 온실가스의 배출량거래를 인정하는 '교토의정서에 근거한 프로젝트 메커니즘에 관한 EU 온실가스배출량거래제도설립지침'(연결지침)이 유럽의회에서 승인되었다.

미국에서도 배출량거래의 '자발적시장'이 탄생하고 있다. 포드, 듀퐁 등의 에너지 관련 대형민간기업 등이 참가하여 '시카고기후거래소'(CCX)를 창설하였다. 지자체와 NGO의 참가도 가능하게 되어 있다.

또한 중국에서도 국제적인 CO_2 배출량 거래시장의 확대에 대비해 2007년 제10기 전국인민대표대회에서 에너지절약법의 개정이 심의되어 건축, 교통운수, 공공기관 등의 분야에 에너지절약관리규정이 추가되었다.

3.1.2 해외 물류환경규제의 과제

배기가스규제, 재활용법, CO_2 배출량규제의 어느 것에 대해서도 유럽이 선행하고 있지만 일본과 미국에서도 환경무장에 대한 의식은 고조되고 있으며 향후 선진각국에서도 이어서 본격적으로 물류환경규제가 정비되어 갈 것으로 보인다. 또한 중국 등의 경제신흥국에서도 향후 법정비가 본격적으로 진행될 것이다.

다만 과제로 되는 것은 각국, 각 지역의 규제 기준이 미묘하게 상이한 것이다.

향후 일본과 미국, 유럽 등의 기준 통일에 대하여도 심의를 심화해 나갈 필요가 있을 것이다. 물류환경규제에 대하여 국제적으로 보조를 맞추어 가는 것이 향후의 커다란 과제로 될 것이다.

3.2 ‖ 일본 물류업계의 대응방향

친환경 물류시스템이 반드시 비용상의 성과가 높은 효율적인 물류시스템이라고는 단정할 수 없다. 환경부하의 저감에 여러 대책을 강구하더라도 그것이 고객과 사회에 의해 충분히 수용되지 못한다면 기업경쟁력이 약화될 수도 있다. 물류부문의 낮은 비용화를 추구하는 기업에서 환경을 고려한 최신의 에너지절약기기, 정보시스템 등의 도입은 최초비용이 크고 재무적인 부담도 적지 않다. 그럼에도 불구하고 환경을 위해 노력하는 기업은 적지 않다. 녹색물류전략을 추진함으로써 사회적인 이미지향상을 도모하려고 하는 것이다. 실제로 대개의 기업에서는 녹색조달, 3R 등 비용 상의 이점보다도 사회적인 호감도의 향상을 위하여 추진하고 있다.

그러므로 지금까지의 녹색물류전략에서는 환경부하의 저감에 따른 사회적인 이미지향상을 도모한다는 것이 강조된 면이 있다.

국제적 수준의 환경법 규제를 충실하게 준수하는데 있어서(compliance), 기업이 환경을 무시하는 경영활동을 하는 것은 선진국에서는 불가능하다.

따라서 그 점도 고려하여 최근 해외에서는 '환경부하를 저감시키면서 비용 상의 이점을 고조시킨다'는 방향성을 가지고 물류시스템의 쇄신, 로지스틱스전략의 재구축을 포함하여 비즈니스프로세스의 최적화를 도모하는 움직임도 강화되고 있다. 로지스틱스전략을 보다 엄밀하게 구축함에 따라 환경무장도 충실하게 해 나가는 견해이다. 단지 SCM의 녹색화를 도모할 뿐만 아니라 전략적으로 비용절감을 추진하는 것을 중시하는 것이다. 예컨대 '재고적정화를 실현하면 어느 정도 친환경인지', '공간손실의 해소로 환경부하를 어느 정도 저감할 수 있는지' 등의 관점에서 정량적인 자료를 고려한 로지스틱스전략의 구축이 추진되고 있다.

일본에서도 환경부하의 저감을 전략적인 이점으로 살리고자 하는 기업경영의 자세가 더욱더 중시되어 가고 있는 것도 분명하다. 하주기업과 물류사업자가 충실하게 협력하면서 전략적으로 녹색물류시스템의 구축을 추진해 나갈 것이 국내외에서 더욱더 강하게 요구될 것이다. 운송수단전환, 공동물류, 3R, 일본적 상관행의 개선 등을 합리적, 효율적, 고도로 추진해야 할 것이다.

당연히 현재 국내외의 물류환경규제가 최선이라고는 할 수 없다. 지구환경의 보호를 염두에 두고 국제적·국내적인 물류환경규제는 더욱더 강화될 것이다.

따라서 일본의 물류업계로서는 더욱 엄격해 지는 물류환경규제의 다음 단계를 시야에 두면서 '어떻게 물류의 환경무장을 심화시켜 나갈지'라는 관점을 항상 염두에 두고 실천해 가야 할 것이다. '세계를 주도하는 친환경물류비즈니스모델의 발신지'를 목표로 하고자 하는 의지도 필요할 것이다. 일본의 물류업계가 담당할 역할은 국제적으로도 매우 중요하다고 할 수 있다.

3.2.1 일본의 물류관련 환경규제

일본의 물류관련 환경법규에는 아래와 같다(〈그림 3-1〉참조).

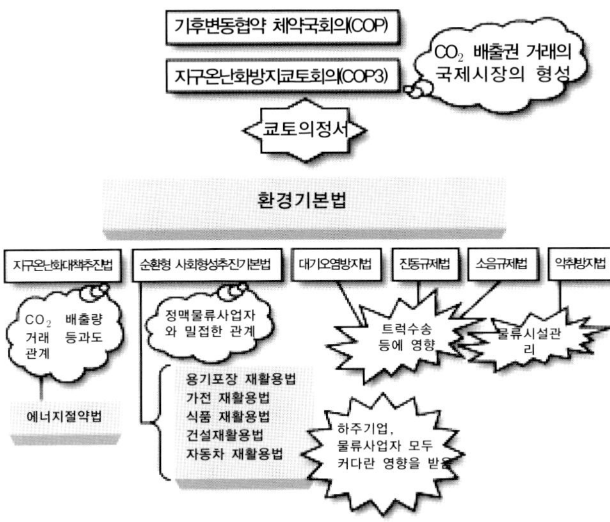

[그림 3-1] 물류관련 환경규제의 구성

(1) 국제적인 구성

국제적인 대응의 대표적인 것으로써 기후변화협약체약국회의·지구온난화방지교토회의(COP3)가 있는데 그 때에 채택된 교토의정서에 대하여 소개한다.

① 기후변화협약체약국회의 · 지구온난화방지교토회의

1997년에 일본 교토에서 제3회 체약국 회의가 개최되었다. 교토회의에서는 주로 아래의 네 가지에 대한 논의가 진전되었다.

ⓐ 수량목표 : CO_2 등의 온실가스 배출량의 억제 목표치의 설정에 대한 논의.

ⓑ 정책 · 조치 : 탄소세(환경세)의 도입 등 환경대책 등애 대한 국제적 공동보조의 필요성을 논의.

ⓒ 개발도상국의 의무 : 급속하게 확산되고 있는 중국과 인도의 CO_2 배출량을 어떻게 억제할지를 논의.

ⓓ 절차규정 : 약속한 환경부하경감정책의 실현을 위하여 어떤 절차를 채택하여야 할지에 대한 논의.

쿄토회의의 커다란 의의로서는 2000년 이후 선진국의 온실가스의 배출권에 대하여 수량목표를 설정할 수 있었던 것을 들 수 있다. 반면 미국의 이탈 등 많은 국제정치상의 과제도 부상되게 되었다.

② 쿄토의정서

COP3에서 채택된 의정서에서 선진국에 대하여 CO_2 등의 온실가스를 1990년과 비교하여 2008-2012년에 일정수치를 감축하도록 요구하고 있다. 그 목표달성을 위하여 쿄토메커니즘[22] 등을 도입하고 있다. 119개국과 유럽공동체가 체결하였다.

(2) 국내적인 구성

쿄토의정서 채택 등의 국제적인 구성을 고려하면서 일본 물류관련의 환경관련법규를 규정하고 있다.

---

22) 쿄토메커니즘이란, 시장메커니즘을 활용하여 쿄토의정서를 비준한 선진국이 온실가스의 감축 약속을 달성하는 계획이다. 배출권거래와 후술하는 청정개발체제(CDM), 공동이행제도(JI)의 세 가지 방법이 있다.

① 자동차 NOx · PM법

2002년 5월에 시행된 '개정자동차 NOx · PM법'에 의하여 PM이 새롭게 규제물질로 포함되어 수도권, 케이한신(京阪神)권 등의 기존의 규제지역에 아이치현, 미에현의 일부가 규제대상지역에 추가되었다. 2003년 10월 이후 배기가스기준에 적합하지 않는 자동차는 대상지역 내의 차량검사를 통과하지 못하게 되었으며차종규제와 운송사업자의 배출억제대책이 강화되었다.

또한 2008년 1월 개정시행에서 '자동차 NOx · PM법 적합차 스태커제도'가 도입되고 있다.

② 에너지절약법

에너지절약법이 직접 규제하는 분야는 '공장 또는 사업소 그 밖의 사업장', '수송', '주택 · 건축물', '기계기구'의 네 가지이다.

공장 · 사업장에 대하여는 '공장 등을 설치하여 사업을 하는 자'와 '사업장(사무실, 소매점, 음식점, 병원, 호텔, 학교, 서비스시설 등 모든 사업소)을 설치하여 사업을 하는 자'가 규제대상이 된다.[23]

주택 · 건축물에 대하여는 이들의 건축주, 증 · 개축 시의 소유자·관리자, 특정주택의 주택공급사업자, 기계기구에 대하여는 에너지를 소비하는 기계기구의 제조사업자와 수입사업자가 규제대상이 된다.

---

23) 제1종 에너지관리지정공장이란 에너지사용량(열과 전기를 합산한 양)이 연(年) 3,000kℓ 이상(원유환산)의 공장(전업종)으로 중장기계획의 의무 등을 부담한다. 제2종 에너지관리지정공장이란 연(年) 1,500kℓ 이상(원유환산)의 공장으로 정기적인 강습수강의무 등을 진다. 또한 제1종, 제2종 모두 에너지사용상황의 정기보고를 해야 한다. 또한 지정대상으로 대규모 사무실 등도 추가되었다.

수송에 대하여는 화물·여객의 수송을 업으로 하여 행하는 자와 자신의 화물을 수송사업자에게 수송하게 하는 하주가 규제대상이 된다. 그리고 일정규모이상의 수송능력을 가진 수송사업자 등에 대하여는 중장기계획의 책정, 에너지사용량의 정기보고 등을 의무화하고 있다.

③ 지구온난화대책추진법

1998년 10월에 제정된 법률이다. 지방공공단체가 스스로의 사무, 사업에 관련하여 온실가스의 배출억제에 대하여 실행계획을 책정, 그 실태상황을 공개할 것을 의무화하고 있다. 각 지자체는 지구온난화에 관련하는 계몽, 개발, 보급활동, 대책 등의 추진을 하고 이를 위하여는 '지구온난화방지추진위원회'와 '지구온난화방지활동추진센터'를 설치할 수 있도록 하고 있다.

④ 순환형 사회형성추진기본법

2001년 1월에 완전히 시행되었다. 동법에서는 순환형 사회를 '폐기물의 억제, 재생자원의 적정한 이용의 촉진, 순환이용이 불가능한 폐기물의 적정처분, 자원의 소비억제와 환경부하의 저감을 실시하는 사회'라고 규정하고 국가, 지자체, 제조업체, 소비자 등이 각각 담당해야 할 책무를 규정하고 있다. 국가, 자치체의 역할로서는 재활용시스템, 경로의 정비, 순환형 비즈니스사업자의 육성, 또한 소비자와 사업자 등, 일반시민에게는 폐기물의 발생억제, 재사용, 재활용 또는 그 시스템의 정비, 회수책임 등을 규정하고 있다.

⑤ 대기오염방지법

대기오염을 보전하기 위하여 1968년에 제정되었다. 대기오염에 관하여 국민건강을 보호함과 동시에 생활환경을 보전하는 것을 목적으로 하고 있다. 동법에서는 고정발생원(공장 및 사업장)에서 배출되는 대기오염물질에 대하여 물질의 종류별로 배출시설의 종류·규모별로 배출기준 등이 규정되어 있다. 대기오염물질의 배출자는 이 기준을 지키는 것이 의무화되어 있으며 매연, 분진, 유해대기오염물질, 자동차배출가스에 대하여 신고의무, 배출규제, 허용한도의 설치 등의 규제를 규정하고 있다. 도도부현 지사는 대기오염상황의 감시, 보고의무를 진다. 또한 대기오염에 의한 건강피해 등에 대해서는 사업자에게 무과실손해배상책임을 규정하고 있다.

⑥ 자원유효이용촉진법

2000년 5월 종래의 재활용법(재생자원의 이용 촉진에 관한 법률)이 개정되어 동법으로 되었으며 재활용에 추가하여 발생억제, 재사용도 촉진하게 되었다. 발생억제에 대해서는 자원절약, 제품의 장수화를 추진하기 위하여 수리체제의 충실과 포장에 대하여 다양해짐에 따라 합리화를 도모하는 것으로 하고 있다. 또한 재사용에 대해서는 부품을 재이용하기 쉽게 설계, 디자인하고 부품의 표준화 등을 촉진하는 것으로 하고 있다.

⑦ 녹색구입법

순환형 사회의 형성을 도모하기 위하여 공공부문이 환경을 고려한 제품을 적극적으로 이용할 것을 규정한 법률로 2001년에 시행되었다.

행정기관(성과 청), 독립행정법인 등의 국가와 지자체의 각 기관이 특정조달품목[24]에 대하여 '환경을 배려한 조달을 진전시켜

24) 특정조달품목이란 인쇄, 정보용지, 문방구, 화장지와 공공사업개발 등에서

야 한다'고 규정하고 있다.

⑧ 폐기물처리법

폐기물의 배출억제를 추진하고 동시에 그 적정한 분별, 환적보관, 수집운반처분 등을 행하는 것으로 생활환경, 공중위생의 향상을 도모하는 법률이다. 1970년에 제정하였으며, 그 후 자주 개정되고 있다. 폐기물기준에 위반한 처리가 이루어진 경우와 토양오염으로 인하여 생활환경에 악영향을 미치는 경우는 도도부현 지사 또는 정령시장이 위반한 사업자 등에게 원상회복의 조치명령 등을 발동할 수 있다.

⑨ 악취방지법

사업장과 일상생활에서 발생하는 악취에 대하여 방지대책을 추진하는 법률이다. 농도규제, 악취지수 등에 대하여 규정하고 있다. 악취지수에 대하여는 악취판정상의 자격제도를 규정하고 있다. 지정된 규제지역에 대하여 악취의 원인이 되는 물질에 대하여 규제기준이 설정되어 적합하지 않는 경우에는 개선명령, 개선권고가 이루어진다. 악취의 원인물질이 다양해짐에 따라 규제대상물질은 상황에 따라 추가되어 왔다.

⑩ 소음규제법

공장소음, 건설소음, 자동차소음을 규제하는 법률로 각각에 대하여 규제기준이 설정되어 그것에 적합하지 않는 공장시설 등에 대하여는 개선명령과 개선권고가 이루어지고 있다. 1968년에 공포, 시행되었다. 당초는 공장소음과 건설소음을 규제하는 경우도 있었지만

사용되는 자재를 말한다.

소음문제의 심각화 등에 대응하여 개정이 이루어졌고, 급속한 도시의 개발·확대에 의한 여객·화물수송, 동력화의 진행 등에서도 야기되는 도로공해의 심각화 등도 고려하여 자동차소음도 추가되었다.

⑪ 진동규제법

공장과 사업장에서의 사업활동, 건설공장 등에서 발생하는 진동에 대하여 필요한 규제를 하는 법률이다. 도로교통진동과 관련한 한도를 규정함으로써 생활환경과 국민건강을 보호한다. 기계프레스와 압축기 등 현저한 진동을 발생하는 시설 등 건설공사 현장의 작업 중에 현저한 진동을 발생하는 작업을 규제한다. 진동의 크기, 작업시간대, 일수, 요일 등의 기준을 규정하고 있다.

3.3 CO_2 배출량 산출의 방법과 견해

지구온난화를 방지한다는 관점에서 CO_2 배출량을 감축해 나가는 것은 매우 중요하다. 다만 CO_2 배출량을 감축하기 위해서 기업과 국가는 CO_2 배출량 현황을 정확하게 파악할 필요가 있다. 수송부문의 CO_2 배출량을 산정하는 방법으로서는 연료법, 연비법, 개량톤/킬로법의 세 가지의 산정식에 의한 방법이 고려된다. 어느 방법의 경우도 실적치를 정확하게 파악할 수 없는 경우에는 추정치를 이용하여 산정하게 된다.

(1) 연료법

연료가 완전연소하는 것을 전제로 CO_2 배출량을 산정하는 방법이다. 세 가지의 산정식 중 가장 정밀도가 높지만 연비사용량에 대해서는 실제운송을 하지 않는 하주기업 등은 정확한 수치를 알 수 없기 때문에 실제 운송처로부터 자료를 제공받을 필요가 있다. 또한 혼재의 경우에는 하주별의 배분 등을 할 필요도 있으며 상세한 자료의 파악이 곤란하게 되는 경우도 많다.

에너지사용량(GJ)=연료사용량(kℓ)×단위발열량(GJ/kℓ)

(2) 연비법

하주기업이 제3자 물류(3PL) 등 물류부문의 아웃소싱을 하기 위하여 연료사용량을 파악할 수 없을 때에 이용 가능한 산정식이다. 다만 연료법과 마찬가지로 혼재의 경우에는 하주별의 배분 등이 필요하게 된다.

에너지사용량(GJ)=연료사용량(kℓ)×단위발열량(GJ/kℓ)

(3) 톤킬로법(트럭 : 개량 톤킬로법)

연료법, 연비법의 자료를 입수하는 것이 불가능한 경우에 이용하는 산정식이다. 트럭의 최대적재량별, 적재율별의 연료사용량 원(原)단위에 최대적재량별, 적재율별로 세분화된 수송톤킬로를 곱하여 산출한다. 적재율에 의한 원단위의 차이에도 대응하고 있다. 에너지절약법에서 규정하는 특정하주[25]의 계획책정과 정기보고에 이용하기 위해서는 '톤킬로 산정방식에 관한 운용지침'에 따를 필요가 있다.

〈표 3-1〉 단위발열량 일람표

번호	연료·전기의 종류	단위	단위발열량
1	휘발유	kℓ	34.6GJ/kℓ
2	경유	kℓ	38.2GJ/kℓ
3	A 중유	kℓ	39.1GJ/kℓ
4	B·C 중유	kℓ	41.7GJ/kℓ
5	액화석유가스(LPG)	t	50.2GJ/kℓ
6	제트연료	kℓ	36.7GJ/kℓ
7	전기(주간)	1,000kWh	9.97GJ/1,000kWh
8	전기(야간)	1,000kWh	9.28GJ/1,000kWh
9	전기(상기 이외)	1,000kWh	9.76GJ/1,000kW

자료 : 에너지 사용의 합리화에 관한 법률시행규칙발표 제1.

또한 톤킬로의 계산에서 자사화물에 대해서는 수송기관, 차량, 수송형태(자가물류, 위탁물류의 별도 등), 수송종류(전용편, 공동배

25) 톤에 대하여는 화물구분별로 하주가 파악하고 킬로에 대하여는 발착지점을 지정한 하주가 추계하고, 공차주행부분은 대상 외로 한다. 연간 3,000만톤킬로를 초과하는 화물수송을 위탁하고 있는 하주기업이 특정하주기업에 해당된다. 에너지절약법에 의하여 중장기계획의 책정과 정기적인 보고 등과 같은 의무가 발생한다.

4.1 운송수단전환의 개념

운송수단전환(modal shift)이란 '복수의 수송기관을 이용하여 이루어지는 화물수송체제'를 말하며 '복합일관수송'이란 한국어의 대역이라 할 수 있다. 그러나 실제로는 영어권에서는 인터모덜이라 불리는 경우가 많다.

트럭보다도 철도, 선박 등의 CO_2 배출량이 적은 것에 착안하여 트럭수송의 일부를 철도, 선박 등으로 대체하는 것을 말한다.

트럭수송은 일본의 화물수송(톤킬로 기준)의 약 60%를 차지하고 있다. 현재 대부분 기업의 물류시스템은 트럭수송을 전제로 구축되어 있다. 트럭수송은 수송에 유연하게 대응할 수 있다는 이점을 가지고 있으며 물류거점과 점포 등에 대한 접근성에도 뛰어나 있다. 또한 택배 등의 문전에서 문전까지 수배송에도 필요불가결한 것이다. 그러므로 현재의 수송체계에서 트럭을 완전하게 배제하는 것은 불가능하다고 할 수 있다.

그래서 트럭수송의 모두가 아니라 일부를 철도, 선박 등으로 대체하는 것으로 CO_2 배출량을 대폭으로 감축한다는 것이 운송수단전환을 도입하는 목적으로 되어 있다.

다만 철도와 선박에는 '문전에서 문전까지의 수배송에 적합하지 않으며', '수송스케줄을 유연하게 조합할 수 없으며', '단거리수송에는 적합하지 않으며', '짧은 리드타임에 대응할 수 없으며', '어느 정도 물량이 많지 않으면 비용 상의 이점을 확보할 수 없는' 등의 문제점이 있어, 운송수단전환의 도입이 용이하게 진척되지 않는 경우도 상당히 많다.

4.2 ‖ 운송수단전환을 위한 검증

운송수단전환의 도입에서는 수송의 기점 · 종점, 수송기관 · 경로, 물량, 포장, 화물의 형상 등에 대한 정보를 정확하게 파악한 후에 종래의 트럭만의 수송에서 운송수단전환수송으로 대체한 경우, CO_2 배출량을 어느 정도 감축할 수 있는지, 비용 상의 이점은 향유할 수 있는지 등의 점에 대해서도 검증할 필요가 있다. 또한 운송수단전환을 도입한 경우 수송의 안전성과 안정도에 대하여 문제가 발생하지 않을까라는 것도 신중하게 점검할 필요가 있다.

또한 리드타임과 전체비용 등의 허용범위 등도 자사 내 간의 수송으로 도입할지, 자사와 조달처간의 수송 또는 자사와 고객 간의 수송인지에 따라 변경되게 된다.

대책 없이 운송수단전환을 도입할 것이 아니라 수송실적의 향상을 염두에 두고 수송기관, 수송수단, 수송경로의 선별, 업자 선정 등에 대하여 다방면적으로 그리고 거시적으로 고려하여 추진하여야 한다.

4.3 철도 · 선박으로의 전환조건 · 체크포인트

운송수단전환을 성공시키기 위해서는 아래의 조건을 충족할 필요가 있다.

(1) 비용

트럭에서 철도 · 선박으로 전환한 경우 전체 수송거리가 길어지는 경우에는 비용경쟁력이 높아 질것으로 보인다. 그 비용상의 이점이 나타나는 거리는 500-500km이며 이 거리가 전환을 우한 목표가 된다. 대개의 성공사례에서 보건데 500km 이상의 수송거리에 대하여 트럭수송에서 철도 · 선박에 대한 전환이 이루어지고 있다. 다만 대도시권내에서 소규모의 철도수송도 유효한 대책이 된다는 견해도 있다.

(2) 로트

일본의 철도 · 선박에는 소량의 혼재시스템이 존재하지 않는다. 이로 인하여 운송수단전환을 원활하게 실천하기 위해서는 5톤 이상의 로트가 필요하게 된다.[26]

또한 거대로트와 동시에 단위화(Unit Load System)[27]의 도입도 요구된다. 단위화를 추진함으로써 하역의 합리화, 적재, 양하 등의 효율화도 실현할 수 있다. 단위화는 일관팔레트화[28]와도 밀접하게

26) 철도컨테이너에는 일반화물용 컨테이너와 냉장컨테이너 등의 특수화물용 컨테이너가 있다.

27) 복수의 화물을 집약하여 1단위의 화물(단위화)로서 취급하고 수송 등을 하는 시스템을 말한다. 또한 단위화화물의 사이즈는 JIS에서 규정하고 있다.

관련되어 있다. 규격을 통일하고 개개의 물건을 팔레트에 적재하여 그 화물상태를 유지하고 그대로 차량, 선박, 비행기 등에 적재하거나 수송할 필요가 있다. 팔레트를 토대로 단위화물을 완성하고 물류의 합리화를 실현한다. 컨테이너에 팔레트를 적재함으로써 하역작업을 더욱더 합리적으로 추진할 수 있다.

(3) 리드타임

역 · 항만 · 공항 등에서 접속의 관계로 소요시간이 길어질 우려와 배차 등의 영향으로 필요한 때에 이용할 수 없는 경우도 있으므로 충분한 주의가 필요하다.

철도수송의 경우에는 급속한 스케줄변경과 응급조치를 할 수 없기 때문에 긴급한 물류에는 시간에 맞지 않는 경우가 많다. 해운으로 전환하는 경우 항만하역은 일요일 · 공휴일에는 이루어지지 않을 가능성이 있는 것도 고려해야 한다.

트럭수송에서는 한계가 있는 장거리수송에 대해서 항공화물수송을 선박과 철도로 전환하는 것에서 커다란 성과를 거두기 쉽다. 또한 리드타임이 길어지는 것에 대하여 저항이 적은 정맥물류시스템의 트럭수송을 철도 · 선박 등으로 전환하여 커다란 성과를 올린 사례도 있다.

(4) 입지화

철도 · 선박으로 전환하는 경우, 역 · 항만 · 공항 등의 인프라가 인근에 있으면 그 효과가 증폭된다. 인근에 없는 경우에는 트럭수송

28) 생산거점에서 소비지까지 팔레트로 적재한 상태로 이루어지는 수송을 말한다.

의 거리가 길어져 환경부하가 감소하지 않거나 비용증대로 이어질 우려도 발생한다. 그 점도 고려하여 해외에서는 물류센터 등에 철도의 연결선을 부설하고 있는 사례도 많다.

(5) 위험(Risk)

운송수단전환을 도입할 때의 위험에 대해서는 인적 위험, 재무적 위험, 물리적 · 기후적 위험, 무형위험의 네 가지로 분류하여 고려할 필요가 있다.

인적 위험의 경우 운송수단을 전략적으로 도입할 때 최고관리자 부문의 인재확보와 일차 · 월차수준 등의 운영에서 매일 숙련작업자 · 담당자 등을 어떻게 확보하는지의 문제가 있다. 제3자 물류 등으로 외부위탁을 하는 경우도 마찬가지이다.

재무적 위험에 대해서는 비용 상의 이점을 확실하게 향유할 수 있는지를 신중하게 검토할 필요가 있다. 또한 비용면에서의 이점이 적거나 실제로 비용 면에서 상당한 위험이 있는 경우에는 운송수단전환 도입시의 이점, 사회적 의무 등이 보다 큰지 검증할 필요가 있다. 비용 상의 이점을 향유할 수 없는 경우에는 시기상조라는 가능성도 있기 때문이다.

물리적 · 기후적 위험에 대해서는 재해 · 악천후 등의 위험이 중요한 것이 된다. 예컨대 대형지진이 발생한 경우 철도수송이 불가능하게 되지 않는지, 악천후로 해상수송에 장애가 발생하지 않는지 등이 중요한 검토과제로 된다. 또한 재해 · 악천후 등의 위험이 현실화한 경우 그것을 회피할 수 있는 대안도 준비해 둘 필요가 있다.

〈표 4-1〉에서 제시한 점검사항을 검증한 후에 어느 정도의 환경부하가 실제로 가능하게 되는지라는 것을 정확하게 파악해 둘 필요

가 있다.

또한 운송수단전환의 도입에서는 우선 실증실험 등을 하고 그 효과를 확인한 후에 본격적으로 도입하는 것이 바람직하다. 또한 화주측의 시점에서 보면 자가물류가 아니라 제3자 물류를 도모하는 것도 유력한 선택지가 된다.

〈표 4-1〉 운송수단전환의 도입을 위한 체크포인트

항목	검토사항
비용	비용상의 이점을 충분히 향유할 수 있는지 여부
로트	충분한 로트는 있는지 여부
리드타임	어느 정도의 긴 리드타임에 견딜 수 있는지 여부
입지화	거점배치가 도입에 적합한지 여부
위험	위험관리가 충분히 가능한지 여부

4.4 운송수단전환의 실시

운송수단전환에는 몇 가지의 형태가 고려된다. 즉 ① 트럭수송에 철도수송을 조합한 형태, ② 트럭수송에 해운을 조합한 형태가 고려된다. 아래에서는 각각의 장점 · 단점을 설명한다.

4.4.1 운송수단전환의 이미지

예컨대 종래는 출발지 A에서 도착지 B까지의 수송거리 500km를 10톤 트럭(최대적재량 10톤, 평균적재율 80%)으로 수송한다고 하자. 이것을 출발지 A에서 트럭수송(45km)하여 출발지 환적역 A에서 철도컨테이너수송(500km)으로 대체하고 발착지 환적역 B에서 다시 트럭수송(30km)으로 도착지 B를 목표로 한다. 트럭만의 수송에서 트럭 · 철도의 복합일관수송으로 전환한 경우 이와 같은 이미지가 운송수단전환의 예가 될 것이다.

스왑보디(Swap body)수송[29]의 도입도 과제로 된다. 철도수송용의 컨테이너는 철도 측의 사정을 고려한 규격 · 사양으로 되어 있는 경우가 많으며 운송수단전환을 추진하기 위해서는 컨테이너수송전용차와 철도수송전용의 사유 컨테이너가 필요하게 되기 때문이다.

일본에서는 일반적으로 트럭수송에 해상수송을 조합하는 경우 트럭수송 · 철도수송의 조합보다도 수송거리가 길어지는 경향에 있다.

또한 정맥물류에서는 시간지정 등에 구속되는 일이 적으며 일반적

29) 트럭수송에 추가하여 철도수송용 컨테이너로서도 수송 가능한 트럭의 하대(荷台)용기를 도입한 것을 말한다.

으로 리드타임을 비교적 길게 설정할 수 있는 경우가 많다. 운송수단전환의 도입에서 비용 등과 함께 중요한 점검사항으로 되는 것이 리드타임이다. 따라서 장거리수송을 수반하는 정맥물류시스템을 구축할 때 운송수단전환을 도입함으로써 비용상의 이점을 누릴 수 있다(〈그림 4-1〉참조).

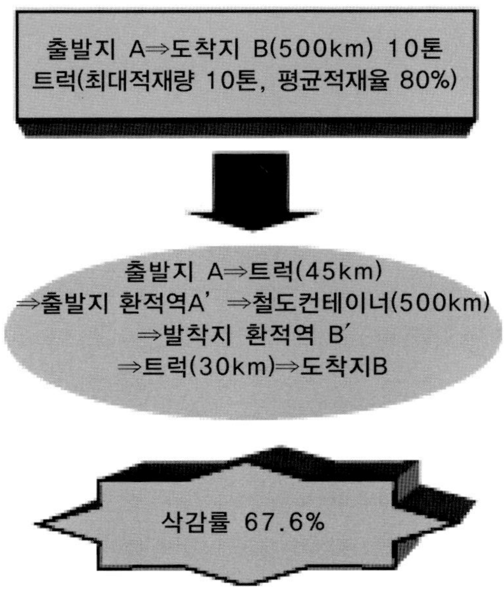

[그림 4-1] 운송수단전환의 이미지

4.4.2 운송수단전환의 도입사례

식품관계기업 A사는 월간 취급화물량 1,000톤/일(출하빈도는 거의 매일)을 트럭에서 철도로 전환하고 트럭사용대수를 60%, 연료사용량을 70% 절감하였다.

A사에서는 팔레트하역이 가능한 31피트철도용 컨테이너(최대적재

중량 10톤)를 임대 형식으로 이용하고 수도권과 칸사이권, 수도권과 큐슈간의 1대/일 분의 트럭을 철도로 전환하였다.

또한 전기관련기업 B사는 복수 공장으로 부터 재료조달을 할 때에 해운으로의 운송수단전환과 철도로의 운송수단전환을 조합하였다. 장거리 수송에 대한 의존으로 인해 자사 물류시스템에 환경부하를 가중시켰지만, 공장A는 해운으로, 공장B는 철도로의 운송수단전환을 통해 연간 225톤의 CO_2감축(감축률 67%)을 실현할 수 있었다.

이들 운송수단전환 도입의 성공을 바탕으로 트럭 장거리 수송에서 철도, 해운으로의 단순한 대체뿐만 아니라 물류시스템의 효율화도 철저하게 추진되었으며 밀크런(milk run) 방식[30]의 도입, 공동배송 · 공동수송시스템과의 병용, 상자 크기의 변경, 에어백 사용에 의한 수송품질의 향상, RFID 시스템의 도입 등도 이루어지게 되었다.

4.4.3 정맥물류의 운송수단전환 도입사례

세토우치정맥물류사업화추진협의회는 세토우치정맥물류사업을 추진하고 세토나이카이해역내에서 재활용 자원의 녹색물류시스템 구축을 추진하고 있다.

이 사업은 칸사이에서 키타큐슈까지의 세토아니카이해역내에서 선박에 의한 폐기물 공동수송을 진행하려는 것으로, 공동배송, 운송수단전환을 정맥물류에 도입함으로써 종래의 개별 육상수송에 비교하여 CO_2 배출량을 75% 감축하는 것이 가능하게 된다. 2004년도부터 오카야마 · 히

30) 밀크런은 우유회사가 목장을 순서대로 돌면서 우유를 수집했던 것에서 이름이 유래되었다. 일반적인 물건공급은 거래처에서 구입처의 공장으로 운반하는 방식으로 이루어지지만, 밀크런은 반대로 구입처가 거래처를 돌면서 부품을 모으는 방식이다. 필요할 때에 필요한 양만큼 가져올 수 있기 때문에 재고를 줄일 수 있을 뿐만 아니라 운송횟수를 줄일 수 있어 납품비용을 절감할 수가 있다.

로시마 · 야마구치 · 카가와 · 에히메의 각 현의 환경부 · 항만국 등의 지원과 협력 하에 경제산업성, 국토교통성의 보조사업으로 채택되면서 계획이 추진되었다.[31] 즉, 선박으로 대량물량을 공동수송함으로써 수송비, CO_2 배출량의 감축을 실현하는 것이다. 세토나이카이지역에서의 평균육상수송비는 2,900엔/톤(하역비용을 제외한다)으로 산정되었지만 페리로의 수송비는 2,100엔/톤으로 비용 상 장점의 향유도 확인되었다.[32]

수송의 대상이 되는 폐기물은 재활용을 목적으로 컨테이너수송이 가능한 것이면 폐기물의 종류, 품목에 제한은 없다. 다만 폐기물의 형상, 수송량 등의 한계로 수송할 수 없는 것이 발생하고 있다.

주요한 예상폐기물은 시멘트원료(소각재), 연료 · 탄화(폐플라스틱, 폐타이어), 재생가능 금속 및 액체(폐유, 폐산, 폐수) 등이다. 환경을 고려하여 비산(飛散) · 악취가 발생하지 않도록 덤핑가능, 위뚜껑 개폐식, 밀폐식 등의 컨테이너를 사용한다.

또한 수송선박에는 당초 하역이 간단하고 전체 비용도 억제할 수 있는 페리가 선택되었지만, 컨테이너가 대형화함에 따라 바지선으로 대체되었다. 대형 컨테이너의 사용으로 공공크레인이 설치되어 있는 항만의 이용가능성이 전망되었기 때문에 바지선이 비용적으로도 가장 적합한 수송선박으로 선정되었다.

수송방법을 살펴보면 복수 공장에서 폐기물을 덤핑해 윗덮개가 개폐식인 컨테이너에 적재하여 수운사업자가 거점항에 반입한다. 거점항

---

31) 세토우치정맥물류사업화추진협의회(2007)는 운수부문: 츠키보시(月星)해운주식회사(간사회사), 에코시스템주식회사, 주식회사다이에이(大榮)클린너, 재활용부문: 우베흥업주식회사 · 건설자재주식회사, 에코시스템산요주식회사, 쿄에이제강주식회사 · 야마구치사업소, 주식회사토쿠야마, 닛신제강주식회사 · 쿠레제철소, 주식회사일본사이클메너지멘트 · 쿠라시키사업소, 미츠이금속광업주식회사 · 타케하라제련소, 사무국: 츄덴기술컨설턴트주식회사로 구성되어 있다.

32) 2004년도에 기본구상이 검토되었다.

에서 보관 후 크레인으로 적출되어 바지선으로 해상수송하고 별도의 거점항에서 반출되어 트럭수송으로 재활용공장으로 수송되어 양하된다.[33]

4.4.4 해외사례: 미국덴버의 운송수단전환 추구의 도시계획

유럽 · 미국에서는 도시계획 시점에서 운송수단전환의 도입에 주력하고 있다.

예컨대 IKEA는 프랑스 로레느지방에 다기능 플랫폼의 물류센터를 건설하고 있다. 직접 철도에 연결해 수송을 가능하게 하는 것으로 센터는 고속도로, 모젤강 운하항에도 근접하여 있다.

또한 미국 포드의 애틀란타 자동차부품센터 등에도 철도 연결센터가 있으며, 입하는 트럭, 철도의 양쪽에서 이루어지고 있다.

미국에서는 미국연방보조철도법에 의하여 도로건설비의 90%를 조성하는데, 그 결과 고속도로망의 정비가 급격히 진행되어 대규모 도시 스프롤(sprawl)화[34]가 초래되었다. 그래서 자동차에 편중한 교통시스템을 사람과 물건의 흐름을 고려하여 철도수송 · 항공수송 등 상황에 맞추어 유기적으로 조합된 운송수단전환수송의 개념이 도입된 것이다.

---

33) 세토우치정맥물류사업추진협의회(www.setouchi-green-butsuryu.jp) 팜플렛을 참조.

34) 스프롤(sprawl)현상이란 급속한 도시화 현상과 함께 확대되는 도시지역에서 토지이용이 무질서, 무계획으로 진행되어 벌레가 갉아 먹은 양상의 상황이 되는 것을 말한다. 인구와 기능의 도시로의 집중이 진행하고 특히 과밀화되면, 그것과는 반대로 도시주변(근교농촌)으로의 분산이 촉진된다. 이 경향은 도시주변에서의 급격하게 진행되는 단지 · 주택의 난립, 공장 · 주택의 혼합, 서비스시설의 진출 등으로 나타나게 된다. 이러한 토지이용에 대한 통제와 규제는 후순위가 되는 경우가 많다. 그리고 도로와 교통 등의 생활기반, 공공시설을 포함한 생활환경 등의 정비가 지연되기 쉽다. 또한 지진과 수해 등의 자연적 재해에 대처하는 대책도 후순위로 되는 경우가 많다.

즉, 도시 스프롤에 의한 물류인프라와 물류서비스 · 비용의 상대적인 인상, 수송비와 에너지효율의 악화, 사고와 오염의 사회적 비용, 공간의 비효율성, 교통혼잡 등을 회피하는 방안으로서 운송수단전환수송을 도입하게 되었다.

미국 콜로라도주의 주도인 덴버는 운송수단전환의 관점에서 도시계획을 추진하고 있는 것으로 알려지고 있다. 콜로라도주는 트럭의존형의 수송시스템에서 철도 등의 공공교통네트워크를 활용한 친환경수송시스템의 구축 및 활용을 관청 · 기업에 촉구하고 운송수단전환에 대응한 도시조성을 추진하였다.

덴버도시권에는 상업기준으로 활용하는데 이점을 가진 여덟 곳의 공항이 있다. 그 중 화물편을 취급하는 것은 덴버국제공항과 센티니얼공항이다. 센티니얼공항은 이착륙이 많은 공항으로써 알려져 있다.

덴버도시권은 덴버국제공항을 다른 일곱 공항이 보완하는 형태로 조성되어 있다. 1995년 2월에 개항한 덴버국제공항은 덴버시의 북동쪽 18마일의 지점에 있으며 전체계획이 완성되면 나리타공항의 약 19 배에 해당하는 13,700ha의 부지에 4,800m의 활주로가 12개, 탑승게이트 260개인 세계최대의 공항이 된다.

다만 당초 계획에서는 공항의 육상접근에 대하여 면밀한 논의가 이루어지지 않았다. 그래서 1980년대 말부터 공항으로의 접근을 주변의 재개발과 맞추어 개선하는 방안이 검토되게 되었다.

그 결과 덴버지역의 공항 등의 물류인프라를 보다 유기적으로 이 도시권의 수송네트워크에 연계시키는 시각이 중시되게 되었다. 도로의 확장, 인터사슬지의 개량, 철도와의 상호접속시스템 구축, 물류센터의 적극적인 건설 등도 그 흐름 안에서 추진함과 동시에 공항에서 도시중추부에 직접 왕래할 수 있도록 공항근접에 집중시켰다.

또한 철도와의 상호접속시스템은 '에어트레인계획'이라는 형태로 주택지, 상업권 등을 연결하여 종래의 심각하였던 덴버시내로의 프리웨이의 과밀상황을 완화하기 위한 통근철로로도 이용되고 있으며 자가용차에서 에어트레인으로의 전환을 추진함에 따라 육상수송의 원활화를 도모해 왔다.

더욱이 공항과 물류센터를 근접시켜 물류관련산업의 입지잠재력을 제고하고 동시에 물류경로를 간소화, 효율화하고 나아가 로지스틱스 네트워크의 합리화, 고도화를 추진하는 것이다.

4.4.5 국제적으로 확대되는 운송수단전환 대응인프라의 강화

지구온난화문제의 심각화를 고려하여 세계 각국에서 운송수단전환을 염두에 둔 철도인프라의 강화가 추진되고 있다.

예컨대 토요타자동차는 시베리아철도를 활용한 자동자 부품 수송을 2009년부터 실시하였다. 러시아 생테페테르부르크의 동 회사 조립공장에서 생산한 승용차를 모스크바, 하바로프스크경유로 극동의 나호토가, 블라디보스톡까지 운송하고 최종적으로는 해상수송으로 일본까지 반입하는 것이다. 2006년부터 시험 수송을 한 후 정기수송에 문제가 없다는 것을 확인하고 있다. 또한 토요타는 국내의 진일보한 운송수단전환의 도입도 추진할 방향이다.

일본에서 모스크바까지는 해상수송의 경우 35일 이상 소요되지만 시베리아철도의 경우 25일로 단축할 수 있다. 마츠다도 2008년 10월부터 시베리아철도를 이용한 완성차수송을 시작하고 있다. 시베리아철도의 노후화가 상당히 진행되고 있어 어떻게 갱신할지, 혹은 새로운 인프라를 건설할지 등이 커다란 과제이다.

중국의 운연(雲連)항에서 중앙아시아를 통과하여 카자흐스탄에 이

또한 일본에서는 운송수단전환을 추진하기 위해 토우카이도물류신칸센구상이 진전되고 있다. 철도인프라의 정비에 의하여 편리성이 제고되고 대량물량. 장거리가 아니어도 비용 상의 이점을 향유할 수 있는 환경을 정비함에 따라 운송수단전환의 보급에 가속이 붙을 것이다.

제5장

공동물류시스템의 설계와 관리

녹색물류를 추진하는 관건으로서 공동물류의 도입, 구축에도 많은 관심이 집중되고 있다. 또한 해외에서는 물류사업자의 주도로 혼재시스템 등이 구축되고 있지만 화주기업이 공동주체가 되는 공동물류는 일본 독자의 것이라 말해지고 있다.

5.1 ‖ 공동물류의 개념

물류공동화란 수송, 보관, 정보시스템 등의 물류기능에서 복수의 기업이 공동으로 수송네트워크를 구축하거나 수배송 거점을 구축하거나 물류지원정보시스템을 공유하는 것을 말한다.

장거리트럭수송의 경우 돌아올 때의 화물 확보를 2개사 이상으로 협력하여 행한다는 비교적 단순한 공동화에서부터 공동의 배송거점에서 일괄보관 · 공동배송시스템을 도입하거나, 더욱이 상이한 기업 간에 각각의 물류기능을 위탁하는 기구를 만들어 그곳에 위탁하는 것까지 있다.

또한 물류기업이 중심이 되어 경합하는 동종 업계의 여러 기업이 물류공동화 시스템을 구축하는 사례도 있다(〈그림 5-1〉참조).

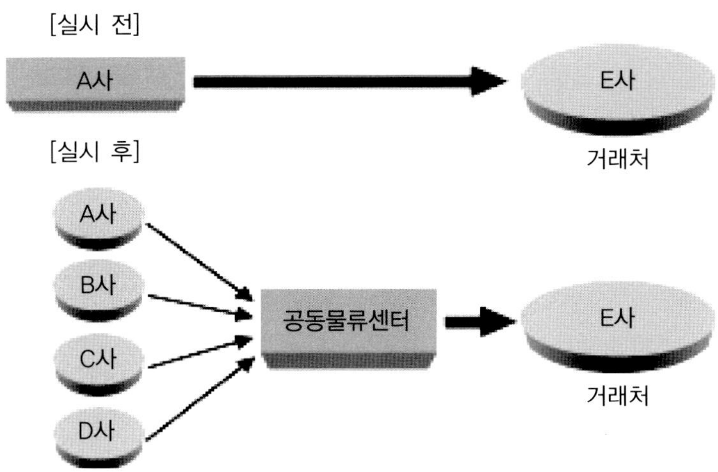

[그림 5-1] 공동물류의 이미지

(1) 공동화의 이점

물류를 공동으로 행하는 것에는 환경면에서의 이점과 더불어 아래의 이점도 있다.

① 물류비의 절감(수배송효율의 향상 · 트럭수송의 향상)

② 저비용에서의 최신기기 · 정보시스템 등의 도입에 의한 물류효율의 향상

③ 물류서비스의 향상 · 작업수준의 안정

④ 물류효율화에 대한 노하우의 축적이 가능(공동으로 기업경쟁력을 제고)

물류센터, 수배송망, 물류정보시스템 등을 공동화함으로써 물류효율을 개선, 향상시키는 것이 가능하게 된다. 또한 공동보관, 공동작업, 공동배송 등을 철저히 함으로써 물류비의 대폭적인 절감에 성공한 예도 있다.

자사만의 물류개선, 비용절감책을 철저히 하고, 더욱이 비용절감, 효율향상을 도모하기 위하여 물류공동화는 커다란 추진재료가 된다.

또한 수배송을 공동화함에 따라 운전자부족, 교통정체, 배기가스오염, CO_2 감축 등에 대한 대응도 용이하게 할 수 있다.

더욱이 물류공동화를 추진함으로써 고가인 저공해차의 구입 등도 가능하게 된다. 한편 공동물류를 성공시키기 위해서는 파트너기업과의 공동의 효과, 이점을 고려할 필요가 있다.

(2) 공동화의 종류

공동화에 대해서는 아래와 같이 분류할 수 있다.[36)]

① 일괄납품

백화점 등의 납품대행제도[37]가 이것에 해당한다.

우선 백화점이 운수업자를 납품대행업자로 지정하고 그 납품대행업자가 납입업자를 순회하여 집하를 하고 일관적으로 점포 등에 납입한다는 시스템이다. 백화점 등은 많은 납입업자를 고용하고 있으므로 이와 같은 구조가 완성되었다.

② 공동배송

상품종별의 복수 납입업자는 자신들의 설립한 공동배송센터에 납품한다. 배송센터에서 상품은 일관적으로 점포에 납입된다. 공동배송시스템에는 동업종의 공동배송을 하는 경우와 온도대별의 이업종공동배송이 있다.

다빈도납입을 위하여 복수사가 각각 매일 2,3회 납품할 필요가 발생하고 있는 경우에 1대의 트럭에 복수사의 상품을 혼재하는 공동배송을 하면 트럭수송의 저하와 화물인수 작업의 복잡화를 방지하는 것이 가능하게 된다.

또한 공동배송 중 복수사가 교환출하와 지역분담수송 등을 공동화할 수 있는 부분을 규정하여 행하는 것을 '협업수송'이라 한다.

③ 공동물류(제휴수송)

원재료, 중간재 등의 수송을 복수사가 제휴하고 공동으로 행한다. 생산지에서 판매거점까지의 시장경쟁에 그다지 관계가 없는

---

36) ①의 일괄납품과 ②의 공동배송을 '통합납품'이라고도 한다. 통합납품이란 각 점포에 대한 납품업자의 상품을 모아 일괄하여 납품하는 시스템을 말한다.

37) 주로 백화점에서 이루어지는 제도를 말한다. 물류사업자가 상당수의 납품을 일괄하여 대행 납품한다. 필요에 따라 가격을 매기고 검품 등의 작업도 이루어진다. '공동납품대행'이라고 한다.

부분에서는 경합하는 대기업들이 광역 간에 공동으로 수송을 하는 경우가 있다.

④ 공동보관

복수의 화주기업 등이 창고 등을 공동으로 관리하여 보관효율의 향상을 도모하는 것을 말한다. 예컨대 제조업체가 공동보관하고 있는 상품을 소매업의 수주에 따라 공동배송하는 것으로 창고이동 등이 생략되고 물류의 합리화가 가능하게 된다.

⑤ 공동물류회사의 설립

공동물류를 추진함에 있어 공동물류회사를 설립하는 방법도 있다. 예컨대 토일레트리(toiletry)업계[38]에서는 동업종 제조업체가 공동출자하여 물류합리화의 일환으로서 제조업체, 도매업, 물류업의 조정역할을 하는 공동물류회사를 설립하였다.

[그림 5-2] 공동배송시스템의 이미지

38) 토일레트리란 일용품의 부류이며 넓은 의미에서는 화학약품, 세분화하면 화장품과 세제, 의약품(의약부외품) 등에 포함된다. 편의상의 분류범주라고 간주하면 된다. 일본어에서는 적절한 표현이 없기 때문에 일상생활과 업계에서도 토일레터리라는 용어를 이용하는 경우가 많다.

5.2 공동물류의 효율화

공동물류의 효율화는 지역간 수송과 지역내 수송으로 나누어 고려하고 실현할 수 있다. 하주의 입장에서 보면 차량의 적재효율 향상에 의한 수배송비용의 절감, 업무의 간소화가 진전시켜 차량과 설비투자 등을 강조시키고 있다.

화물인수 측에서 보면 납품에서의 입고장소의 혼잡완화, 납입회수 감소에 의한 화물인수·검품 등의 효율화에 대한 이점을 들 수 있다.

(1) 지역간 수송

지역간 수송이란 동경과 나고야, 오사카와 후쿠오카 등과 같은 비교적, 장거리이며 지역이 상이한 도시 등을 연결하는 수송을 말한다.

· 지역간 수송의 사례

예컨대 세제제조업체 A사와 맥주 제조업체 B사가 각각 역방향으로 진행되는 수송경로를 가지고 있는 경우 서로의 귀로 편의 차량을 이용함으로써 왕복으로 세제와 맥주를 각각 운송하는 것이 가능하게 된다.

그 결과 공차율이 감소한다. 이와 같이 출하량과 화물상태가 유사한 이업종이 발견된 경우 공동수송의 최적 파트너가 된다.

장거리를 운송하는 지역간 수송은 수송비가 높기 때문에 공동화를 실현할 수 있다면 물류비의 대폭적인 삭감을 기대할 수 있다.

(2) 지역내 수송

지역내 수송이란 예컨대 칸토우(關東)권과 칸사이(關西)권 등 주로 대도시권의 비교적, 근거리의 수배송을 말한다.

- 지역내 수송의 사례

- 화주주도의 경우 -

일용잡화제조업체 C사는 칸토우권 도매점으로의 배송합리화를 모색하였지만, 1개사로는 이 이상의 물류비 절감은 불가능하다고 판단하였다.

그래서 동사와 경합하는 상품이 적은 세제제조업사슬 D사와 공동배송센터를 개설하고 칸토우권의 도매점을 위하여 공동배송을 개시하였다.

각 제조업체의 화물을 일괄하여 동일 도매점에 납입하는 일괄보관·공동배송방식을 채택함으로써 재고의 대폭 삭감을 달성하였다.

지역내 수송의 공동화에 인하여 제조업체나 도매업체도 지금까지의 부담을 크게 삭감하는 것에 성공한 것이다.

또한 유통업이 주도하고 천하(川下)에서의 물류개선을 추진하는 과정에서 공동물류가 구축되는 사례도 보고되고 있다. 대표적인 사례로서 주류판매를 하는 E사의 주도로 주류제조업체의 공동물류시스템을 구축한 예 등이 있다.

- 물류사업자 주도의 경우 -

물류기업이 중심으로 된 물류의 공동화도 이루어지고 있다. 물류기업 F사는 로지스틱스지원시스템으로서 '전자부품공동배송시스템'을 구축하여 복수 전자부품제조업체의 제품을 1대의 트럭으로 세트(조립)제조업체에게 납품하는 시스템을 완성하였다. 재고관리 등에 대해서는 웹을 활용한 대행시스템을 도입하였다.

물류사업자가 중심이 되어 다품종소량, 고도의 품질관리, JIT시스템, 시간이 소요되는 납입절차 등에 대응할 수 있는 전용의 배송시스템을 구축한 것으로, 복수의 부품제조업체의 상품을 1대의 트럭으로 세트제조업체에게 납입하는 시스템에 의하여 1상자 당의 배송요금을 저렴하게 제공할 수 있게 되었다.

(3) 공동화에 대한 장애

공동화가 진척되지 않는 경우 아래와 같은 장애가 고려된다.

① 공통의 배송처와 파트너가 발견되지 않음

② 타사에게 자산의 정보가 누출될 가능성

③ 자사에게 장점이 없음(타사에만 장점이 있음)

④ 노하우, 자금부족

따라서 공동물류의 도입에서는 공동물류의 도입을 목적으로 하는 중심적인 기업이 리더십을 발휘하여 공통의 화물배송인도처와 파트너를 적극적으로 물색할 필요가 있다.

또한 상생관계를 실현할 수 있는 공동물류시스템을 구축하고 파트너가 경합기업이 되는 경우에 "시스템은 공동으로", "경쟁은 점포에서"라는 개념을 철저히 도모하는 것이 중요하다.

노하우, 자금에 대해서는 물류사업자주도의 공동배송시스템을 도입하거나 중소기업유통업무효율화촉진법 등에 의한 행정지원을 활용하는 것도 하나의 방안이다.

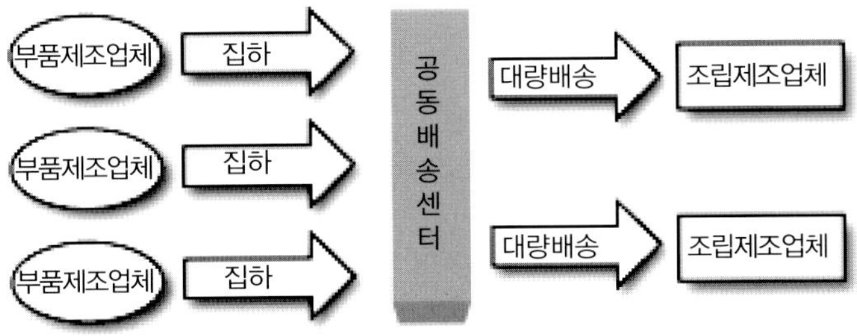

[그림 5-3] 부품제조업체의 공동배송시스템

5.3 공동화와 표준화

물류의 공동화에 의한 배송효율의 향상, 보관효율의 향상은 친환경 물류시스템 구축을 가능하게 하고 있다. 계획적인 공동배송의 도입에 의하여 트럭의 적재효율을 제고하는 것도 중요하다.

환경 ISO[39]에 대한 대응도 시야에 두는 것이 바람직하다. 표준화를 이루어 순환형 사회에 대한 대응에 대비해 둘 필요가 있다.

물류공동화를 원활하게 함에 있어 사내업무, 창고 내 작업의 표준화, 평준화, 물류서비스 수준의 통일, 정보시스템의 통합 등이 필요하게 된다.

(1) 포장

예컨대 공동화에서 제조업체 각사의 상품을 조사하고 접이식 컨테이너의 용량을 기준으로 한 상품설계, 상품제조를 제품기획의 단계에서 진행할 필요가 있다.

(2) 거래조건

요금체계의 표준화를 도모하고 물류에 관한 비용을 공개하여 공동물류의 참가기업 모두에 대하여 공평하고 공개된 형태로 요금을 제시할 필요가 있다.

또한 표준서비스에는 표준요금, 옵션서비스에는 옵션요금을 설

---

39) ISO는 국제표준화기구, 환경관련 국제표준은 ISO 14001.

정할 필요도 있다.

(3) 상관습

발주단위의 표준화, 납품의 시간, 요일의 평준화, 최저발주금액 등을 설정하는 것도 고려해야 한다. 일본의 물류서비스는 과잉서비스를 줄이는 것으로 물류의 환경부하를 저감시켜나갈 아이디어를 개발할 필요가 있다.

예컨대 1개만 무리하게 배송하는 등의 비효율적인 관행은 폐지할 것을 검토할 필요가 있다.

(4) 정보시스템

물류정보지원시스템의 도입을 도모하여 정보공유를 추진한다. 어느 상품이 언제, 어디에서, 어느 정도, 어느 창고, 어느 선반에 입하, 격납되는지 등 정보관리를 할 필요가 있다. 바코드시스템의 도입도 불가결하다.

또한 재고거점간의 정보공유를 진행하는 것으로 재고의 중복을 피하고 공급사슬 전체의 재고축소화를 실현하는 것도 가능하다.

(5) 팔레트

팔레트활용에 의하여 하역효율화를 진전시킨다.

예컨대 타사와 교환이 가능하도록 팔레트의 표준화를 하고 공장에서의 생산단계에서 소매점까지 모든 팔레트단위로 수송하는 일관팔레트화를 도입하는 것으로 공동화가 용이하게 된다.

동시에 일관팔레트화의 추진을 염두에 두고 JIS 규격, ISO 규격

상의 통일을 하는 것도 검토되어야 한다.

더욱이 팔레트회수를 위한 집적소의 정비, 지게차의 도입과 팔레트규격과 화물치수의 적합도 중요한 과제이다.

또한 화물붕괴방지대책의 연구개발, 팔레트비용의 부담경감 등도 필요하게 된다.

(6) 창고 내 작업 등

집배작업, 배송작업, 적재작업 등 창고 내 작업에 대해서도 표준화를 진행시켜 효율향상을 목표로 한다.

또한 일상의 업무량을 가능한 한 평준화하는 것도 인원, 차량 등의 조달이 용이하게 되어 품질의 안정에도 연결된다.

(7) 입지관리

제조업체별 보관이 아니라 제조업체 혼재보관을 실현하고 하역효율의 향상을 도모하는 것도 중요하다. 그리고 그 경우 입지관리가 중요한 비중을 차지하게 된다. 상품을 품번으로 집배하는 것이 아니라 랙(rack) 등에 설정된 선반번호를 이용함으로써 입지관리를 하는 것이 필요하다.

창고 내의 격납선반 모두에 주소를 부착하여 입고지시, 출고지시를 자동화하는 것으로 효율향상을 실현할 수 있다.

5.4 ‖ 공동화에 대한 주의

물류공동화를 진행함에 있어 아래의 점에 주의하여야 한다.

(1) 사내인식의 철저

물류공동화를 진행함에 있어 '왜 물류를 타사와 공동으로 할 필요가 있는지', '공동화함으로써 어떤 이점이 있는지' 등의 점에 대하여 사내인식을 철저하게 해 둘 필요가 있다. 또한 자사의 물류서비스, 물류비 등의 정보를 파트너기업에게 공시하여야 하는 경우도 있을 것이다,

더욱이 공동화에 있어 사내의 각 부문이 양보를 강요받거나 규모를 축소하게 되거나 할 가능성도 있다. 그 경우 사내의 타부서에서 커다란 반발이 있을 수 있다.

그러한 상황이 발생하는 것도 사전에 충분히 이해해 두어야 한다. 이를 위한 대책으로서 예컨대 사전에 타부서 합동으로 연구회를 개최하거나 추진자와 추진부문이 중심이 되어 외부강사와 컨설턴트 등을 초청하여 사내설명회를 하는 것이 필요할 것이다.

(2) 단계적인 도입

공동화의 도입은 단계적으로 행하는 것이 바람직하다. 예컨대 귀로 편의 화물의 상호알선과 화물배합수송 등에 의하여 트럭수송의 향상을 도모하는 것에 시작하여 그들을 배송센터의 공동이용 등에 연결해 나가는 중에 본격적인 물류공동화에 대한 길을 모색하는 것

도 하나의 방안이다.

(3) 공동화에 대한 조사

화물의 특성과 운행경로, 상호발착장소 등을 확인하고 현지조사를 염두에 둘 필요가 있다. 공동배송시설에 대해서는 트럭 대기 장소의 위치, 높은 마루 혹은 낮은 마루, 출입문의 위치 등에 대한 연구, 트럭의 종류, 하역방법, 집하 · 배송의 시간대 등에 대해서도 조사할 필요가 있다.

(4) 트럭운임

수송조건을 충분히 확인한 후 제조업체, 유통사업자, 운송회사 등의 의견조사가 필요하다. 또한 하주기업이 물류사업자에게 과도하게 저렴한 운임을 요구하는 것은 결국 수송품질의 저하와 결부되어 배송사고, 배달사고, 납입지연 등을 유발하는 경우도 있어 궁극적으로 환경면에 대해서도 좋은 영향을 미치지 않는다는 것도 인식해 두어야 한다.

(5) 사내의견의 조사 · 통일

물류공동화에 있어 사내의 의견을 조정 · 통일해 둘 필요가 있다. 공동화 추진을 위하여 사내일체의 단결이 요구되게 된다.

또한 자사 물류시스템의 현상과 그 문제점에 대하여 정확하게 파악하여 파트너기업뿐만 아니라 자사의 각 부서에도 이해를 요구하는 것도 중요하다. 사내의견의 조정에 앞서 자사의 물류조건과 과제를 재조정해 두는 것도 바람직하다.

(6) 공동화추진에 대한 리더의 선정

공동화의 추진에서는 강력한 리더십이 필요하게 되는 경우가 많다. 적임의 인재를 선정할 필요가 있고, 또한 공동화의 추진에서는 높은 수준의 의사결정권이 필요하게 되므로 물류집행임원, 또는 로지스틱스최고통괄책임자(CLO)를 조직 내에 두는 것이 바람직하다.

(7) 파트너물색

경쟁하지 않는 타업종에 의한 공동배송의 경우는 파트너기업의 선정이 중요하게 된다. 물류 면에서 자사제품과 성격이 맞는 제품에 대해 조사하는 것도 중요하다.

또한 상품특성, 물류조건, 공장 · 물류거점 등의 배치조건 또는 고객 · 소비지의 분포상황 등에 공통점이 많은 기업 간의 공동화에 대한 효과는 클 것이다.

자사의 물류효율을 향상시킴에 있어 그 요건으로 가장 중요한 것으로는 아래의 사항을 들 수 있다.

① 공동배송가능한 물류시스템

상품의 형태, 중량, 화물상태를 검토함에 따라 공동배송의 도입이 원활하게 이루어질 수 있는 경우는 적지 않다. 예컨대 공동적재배송이 가능한 상품인 경우 등 공동배송에 유효한 물류시스템을 파트너기업이 가지고 있는 경우에는 공동화의 효과도 커지게 된다.

② 상호보완의 유효한 물류시스템

상품의 계절성, 유행성, 파동을 고려하는 것으로 공동배송의 이미지가 보이는 경우도 많다. 예컨대 조기배송하는 상품과 야간

배송하는 상품, 여름철의 상품과 겨울철의 상품 등 조합의 경우 공동수배송, 공동보관의 효과가 커지게 된다.

(8) 기존 물류시설의 유효활용

공동배송센터 등을 사용함에 있어 종래의 물류시설이 불필요하게 되는 경우도 있다. 그 경우 예컨대 사무소와 점포 등에 대한 시설전용(conversion)과 시설매각이 가능한지 여부를 조사해 둘 필요가 있다. 또한 불황의 영향 등으로 물동량이 줄어든 자사의 물류센터의 빈 공간을 물류자회사를 통하여 타사에 임대하는 형태로 유효이용한다는 비즈니스모델도 확대되고 있다.40)

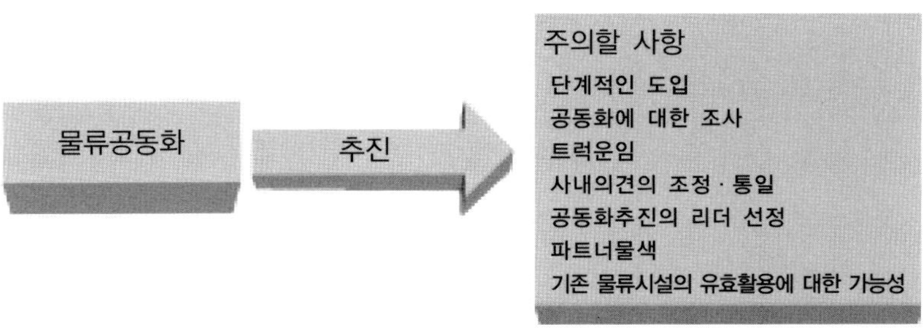

[그림 5-4] 공동화의 주의점

40) 예컨대 네트워크통신 판매기업 중에는 자사의 물류자회사가 운영하는 물류센터에서 자사와는 다른 상품을 취급하는 타사의 네트워크통신판매 상품의 입출하, 보관, 유통가공 등의 센터업무를 도급하는 기업이 출현하고 있다.

5.5 ‖ 공동화에 대한 행정적 지원

중소의 물류사업자 등이 공동화를 적극적으로 추진함에 따라 물류고도화에 적용할 수 있는 법정비가 이루어지고 있다. 그리고 중소기업이 행하는 공동물류 등의 효율화를 지원하는 법률로서는 '유통업무의 종합화 및 효율화의 촉진에 관한 법률'(물류종합효율화법)이 시행되었다.

(1) 물류종합효율화법

동법에서는 물류공동화사업 등에서 이용하는 시설 · 설비의 입지장소, 내용, 중소기업의 제휴와 사업의 공동화 등에 대한 지원이 이루어진다. 물류량의 증대, 다빈도소량배송 등의 물류내용의 고도화, 트럭운전자 등의 물류인재의 확보난 등에 대하여 중소기업의 대응력이 한계에 도달하고 있다는 것을 고려한 것이다. 공동으로 유통업무효율화에 대응하여 공동배송시설의 설치 등에 대한 지원을 받는 체제를 만드는 것이 중요하다. 공동물류의 추진과 제3자 물류의 도입 등을 원활하게 실현하고 물류고도화에 적응할 수 있는 법정비가 이루어지고 있다.

(2) 지원조치

입지요건, 설비요건, 환경요건 등을 고려하여 효율화 계획을 작성하여 국토교통성장관에게 효율화 계획의 인정을 받는다.

지원조치로서는 규제완화 조치와 금융지원에 추가하여 그 밖의 항목 중에 공동물류의 추진을 시야에 둔 중소기업의 물류효율화대책도 포함되어 있다.

규제완화조치에 대해서는 예컨대 '시가지 조정구역의 개발허가에 관한 배려'가 이루어져 물류종합효율화법의 인정을 받아 종합효율화계획에 활용되는 공동배송센터 등의 정비, 건설 등도 인정되고 있다.

금융지원으로서는 공동배송센터 등을 대상 시설로 하여 일본정책투자은행으로부터 동법에 의한 종합효율화계획에 근거하여 취득하는 물류시설에 대하여 저금리융자가 이루어지는 것을 인정하고 있다.

또한 공동물류의 효율화계획에 따라 건설되는 공동물류시설에 대해서는, ① 법인세의 특별상각, ② 특별토지보유세의 비과세, ③ 신증설에서는 사업소세의 비과세 등의 감세조치가 이루어진다.

(3) 종합효율화계획인정사례

물류종합효율화법에서는 유통업무종합효율화사업에 대한 지원이 이루어지고 있다. 지원대상은 생산자, 도매업자, 물류사업자를 비롯해 여러 사업자로 된다. 대기업 혹은 중소기업, 단체 혹은 공동인지에 대해서는 문제시되지 않지만 여기서는 공동화의 인정사례를 소개한다.

① 강재제조업체의 대응

용접회사, 금속회사, 물류기업 몇 개사가 하주별로 수행하고 있던 수송에 대하여 공동 수송경로의 시점과 종점의 물류거점의 집약화를 도모하였다. 공동수송을 도입하고 지금까지 4톤 차량으로 각각의 기업이 수행하고 있던 개별수송을 중지하고 15톤 차량에 의한 공동대량수송으로 대체하였다.

또한 공동물류센터에서는 IC 태그(비접촉 태그)에 의한 물류관리 시스템을 도입하여 화주별의 랙(rack)으로 구분된 IC 태그에 의한 화물관리가 이루어지게 되었다. 그리고 그 결과 트럭수송은 크게 향상되었으며 차량의 대형화에 의하여 환경부하의 저감도 진척되었다. 공동물류의 도입에 의하여 물류거점의 집약화를 실현한 것이며 공급사슬 전체를 지원하는 정보기반에 대한 다수기업간의 도입에도 성공한 것이다.

② 화장품제조업체의 대응

화장품제조업체 몇 개사가 공동물류거점의 정비를 진전시키고 있으며 오키나와현, 홋카이도에서의 상품배송을 공동화하고 단일의 물류기업에 위탁하였다. 공동물류시스템의 구축에 대하여 제3자 물류를 도입하는 것으로 실현한 것이다. 지역 내의 화장품소매점에 상이한 제조업체의 상품을 일괄하여 납입하는 시스템이 구축되었다. IT를 활용한 JIT 방식에 대응한 물류관리시스템을 도입하여 업무효율화를 이루었다. 종래는 각사의 상품을 소량씩 각각의 점포에 배송한 것이지만 경쟁관계에 있는 동업종의 화장품제조업체 각사가 기업의 장벽을 넘어 공동으로 물류거점을 정비하여 공동물류시스템의 도입을 이행한 것이다.

③ 중소기업자에 의한 대응

2005년 10월에 물류효율화법의 일부로서 통합 · 강화되는 형태로 폐지된 '중소기업유통효율화촉진법'이 인정한 중소기업자의 대응사례로서는 운송사업자 12개사에 의한 공동물류센터의 설치와 도매단지의 공동물류센터 설치, 부품제조업체조합에 의한 공동물류센터의 설치(참가기업 수 79개사) 등을 들 수 있다.

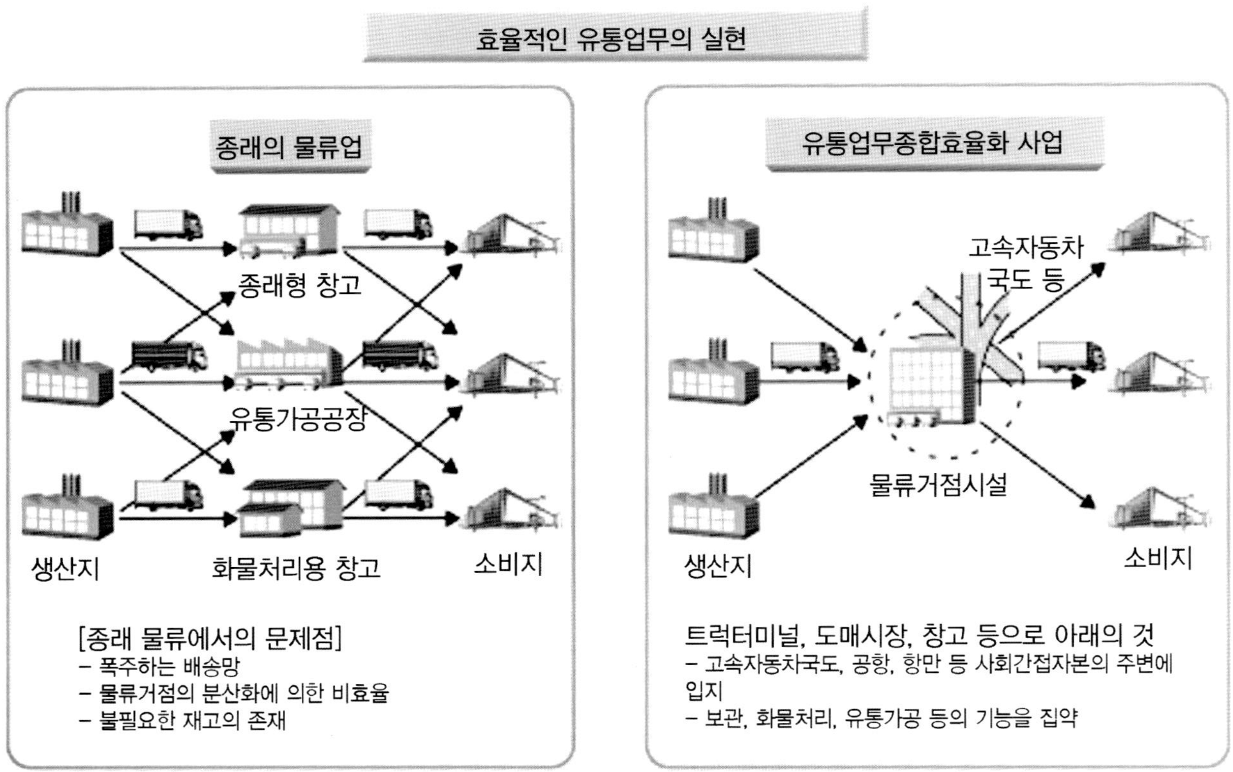

[그림 5-5] 물류종합효율화법에 의한 환경부하가 적은 물류의 이미지

제6장

회수·순환형 물류시스템의 구축

재활용(recycle), 재이용(reuse) 및 발생억제(reduce)로 구성된 3R과 회수물류는 녹색공급사슬의 설계가 근간이라고 할 수 있다. 또한 수리(repair) 물류와 관련에서도 이 같은 심화가 요구되고 있다. 이 장에서는 순환형 사회의 구축에 입각하여 회수·순환형 물류의 개요와 전략을 고찰하고자 한다.

(2) 가전 재활용법

2001년부터 본격 시행된 이 법은 가정으로부터 폐기·배출되는 가전 4개 품목(텔레비전, 냉장고, 세탁기, 에어컨)의 재상품화를 목적으로 설정된 법률이다.

소비자에게는 가전제품을 폐기할 때까지 가능한 한 장기간 사용해 배출량을 감축하는 노력을 촉구하고 있다. 폐기할 때의 재상품화와 회수를 위한 비용부담이 의무화되어 있다. 소매업자에게는 사용이 끝난 가전의 인수와 제조업체에의 인도가 의무화되어 있다.

그리고 제조업체에게는 그 인수와 재자원화를 촉구하고 있다. 재자원화와 부품 재이용 등의 재활용율은 50~60%로, 제조업체에게 의무화되어 있다.

또 적정한 처리를 위하여 산업폐기물관리표(manifest)[41]의 교부가 의무화되어 있다. 관리표제도에는 가전제품 재활용권(券) 시스템[42]도 병설되어, 소비자는 자신이 배출한 제품의 처리상황을 홈페이지를 통하여 알 수 있게 되어 있다. 전자기기가 차례로 추가되고 있다.

---

41) 산업배출사업자가 수집운반업자 또는 처리 업체에 산업폐기물관리표(manifest)를 교부하고, 위탁하는 폐기물의 최종 처분까지의 흐름을 파악하여, 불법투기방지와 적정한 처리가 이루어지도록 감시하기 위한 것이다.

42) 가전재활용법에 따라 대상 가전제품을 재활용할 때에 소매업체, 제조업체의 관리, 운영을 효율적으로 지원하기 위하여 마련된 시스템이다. (재)가전제품협회가 실시하고 있다. 가전 재활용권 시스템은 우체국에 비치되어있는 가전제품재활용권을 사용하여 재활용 요금을 지불하는 "요금 우체국 송금 방식"과, 소매업체에 재활용 요금과 수거운반요금을 지불하고 폐기물의 인수 정보를 요청하는 "요금 대리점 회수 방식"의 두 가지가 있다. 가전재활용권의 정식 명칭을 "특정가정용기기폐기물관리표"라고 한다. 재활용 의무자에 재활용요금납입의 수고의 단순화 및 관리표의 발행업무의 간소화를 목적으로 한다. 가전재활용권의 구입은 재활용 비용의 지불에 해당된다. 가전 재활용권 시스템은 가전재활용의 실시상황을 확인할 수 있어, 가전업체 등으로의 인도가 더 확실하게 되는 장점이 있다.

또한 가전재활용시스템은 도시바, 파나소닉이 중심인 『A그룹』과 산요전기, 샤프, 소니, 히타치제작소, 미쓰비시전기가 중심인 『B그룹』으로 나뉘고, 각각 재활용네트워크를 구축하고 있다. 그 밖에 지정법인에게 위탁하고 있는 기업도 있다.

(3) 식품 재활용법

식품 폐기물의 배출억제, 재자원화의 촉진을 목적으로 2001년에 시행되었다. 식품가공제조업체, 유통, 판매점, 외식산업, 호텔 등이 대상사업자가 된다. 또 일반 소비자에게도 식품폐기물의 발생억제, 재생이용 등을 노력하도록 요구하고 있다. 또한 이 법에 의하여 식품관련사업자 등에 의한 재생이용사업계획의 작성·인정제도와 식품을 순환자원으로써 활용하기 위한 비료화 등을 하는 사업자의 등록제도도 마련되어 있다.

(4) 건설 재활용법

2002년부터 본격 시행, 산업폐기물의 약 40%를 차지하고 있는 건설폐기물을 줄여, 자원의 유효활용을 목적으로 하는 법률이다. 건설재활용법은 총면적 80㎡ 이상의 건축물의 해체공사, 바닥 면적 500㎡ 이상의 신축이나 개축공사 등을 대상으로 한다. 콘크리트, 아스팔트 콘크리트, 목재 등의 특정건설자재를 지정하고, 분별해체 재자원화를 의무화하고 있다.

또 해체공사의 발주자 등에게 신고의무를 부과하고 있다. 건설회사의 재활용에의 적극적인 동참을 기대하고 있다.

(5) 자동차 재활용법

2005년부터 본격 시행, 자동차와 해체쓰레기의 불법투기를 방지하는 것을 목적으로 하고 있다. 분쇄기 먼지(shredder dust)[43], 프레온가스, 에어백에 대해서 자동차업체, 수입업자에게 회수, 재자원화를 의무화하고 있다. 재활용요금은 사용자의 부담으로 되어 있으며, 신차 구입시에 구입자가 재활용요금을 선불하는 구조로 되어 있다.

확대생산자책임의 원칙 아래 자동차업체의 역할, 책임을 명확히 함과 동시에 장기 사용, 재활용사용이 가능한 제품의 생산을 촉진한다.

또 프레온가스에 대해서는 재활용을 하지 않고, 프레온가스 처리사업자에게 위탁하여 파괴하게 되어 있다. 또 자동차의 설계, 디자인 상의 연구 등을 통하여 재활용이 용이한 제품의 개발을 촉진하고 있다.

그리고 2006년도에는 약 2,845만 대의 재활용 요금이 예탁되었고, 약 357만 대가 사용이 끝난 자동차로 인수되어 적정처리·재활용 과정이 실시되었다.

---

43) 폐기된 자동차와 가전 등 공업제품을 산업용 분쇄기로 분쇄하고, 철 등의 재활용 자원을 회수한 후 남는 유리·고무·수지 등의 파편이다. 과거 산업폐기물로서 방수시설이 없는 처분장에 매립되어 왔지만, 수은·납·PCB·카드뮴 등 유해물질이 유출된다는 것을 알고, 업계도 대책을 강구하고 있다.

6.2 순환형 로지스틱스의 구축

순환형 사회에서 환경조화형의 전략적 물류시스템을 순환형 로지스틱스라고 한다.

순환형 로지스틱스에서는 물류를 〈조달→생산→유통→사용소비→회수→재자원화→조달 …… (이하 순환)〉이라는 형태로 다루어 나간다. 그리고 순환형의 물류를 원활하게 하기 위해서는 생산단계에서 가급적 쓰레기가 나오지 않도록 하는 구조를 만든다든가, 사용이 끝난 제품을 재이용, 재활용하기 쉬운 형태로 설계와 기획단계부터 고려해 유통채널로 보내게 하는 연구가 필요하다.

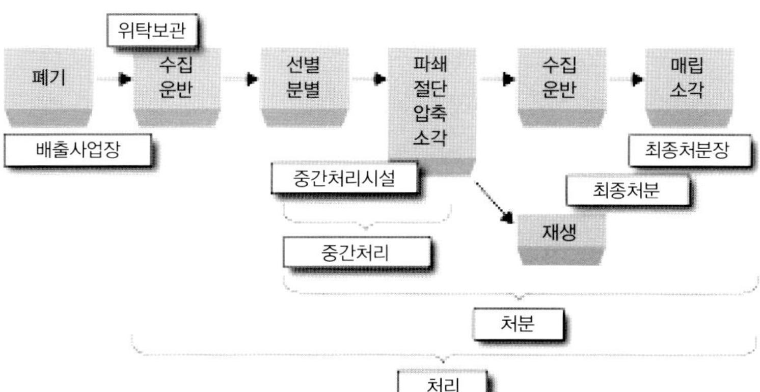

배출사업자에 의해 나온 산업폐기물은 주로 수집운반, 중간처리, 초종처분이라는 프로세스를 거친다. 물론 「재생」이란 폐기물이 제품으로 되돌아가는 모든 프로세스를 가리킨다. 「처분」이란 중간 처리와 최종 처분, 「처리」란 수집운반과 처분을 가리킨다.

[그림 6-1] 정맥물류의 기본 Flow

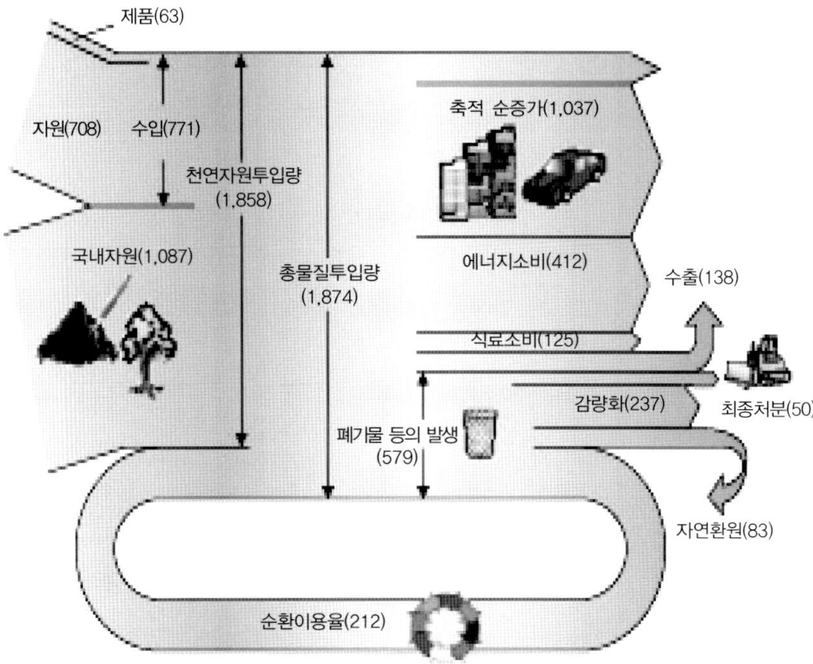

주 : 산출 측의 총량은 수분이 들어 있기 때문에 총물질투입량보다 커진다.
출전 : 일본 환경성

단위 : 100만톤

[그림 6-2] 일본의 물질 Flow(2002년도)

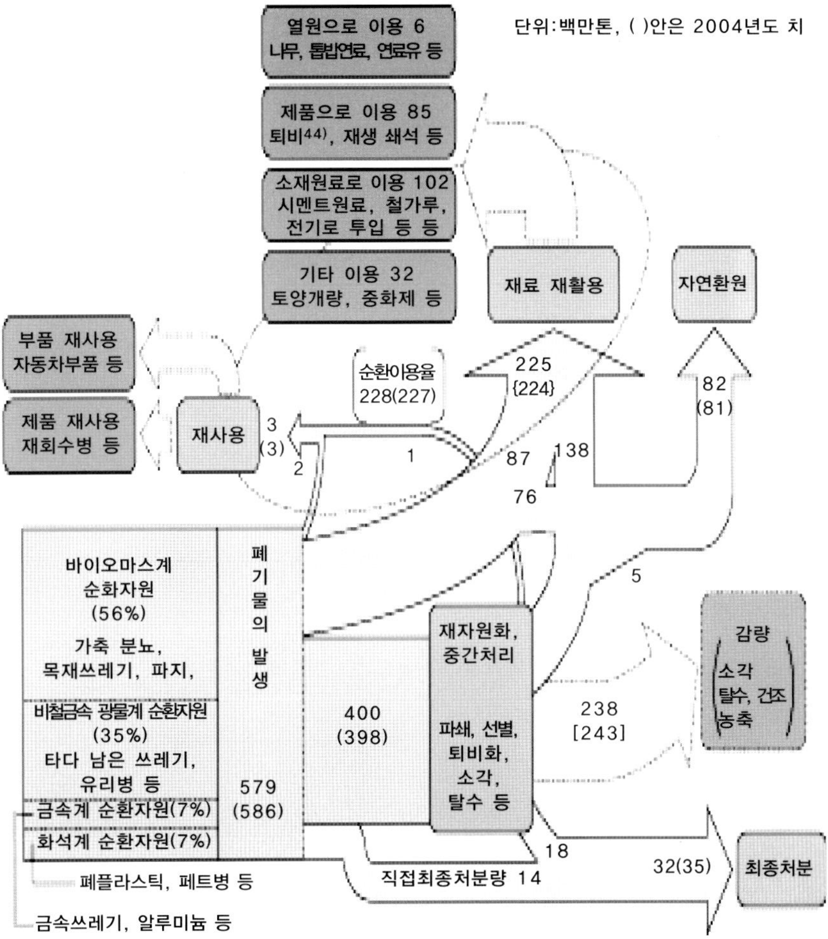

자료 : 환경청

[그림 6-3] 일본의 순환자원 Flow

44) 퇴비는 유기물을 미생물에 의하여 완전히 분해한 비료를 말하는 것으로 유기자재(유기비료)와 동의어로 사용되는 경우도 있다. 이것은 “compost”라고도 불린다. 과거부터 식물계통 찌꺼기를 자연적으로 퇴적 발효시킨 것이 퇴비이며 강제적으로 급속하게 발효시킨 것이 “compost”라는 의견도 있다.

6.3 ‖ 유럽의 순환형 시스템구축을 위한 법정비

특히 유럽에서는 순환형 사회의 구축을 강하게 의식하여 법 정비가 이루어지고 있다.

유럽연합(EU)의 주된 3R 관련 규제 지침에는 아래와 같은 것이 있다.

6.3.1 주요 물류관련의 유럽환경규제지침

① WEEE 지침 (폐전기전자기기 지침)

"전기전자제품의 재활용에 관한 지침"에서 재활용을 목적으로 한 환경 배려에 대하여 규정하고 있다. 재활용에 용이한 설계, 분리처리 등을 추진할 수 있도록 정해져 있다. 폐전기전자기기의 처리는 제조업체의 책임으로 수행되며, 모든 액체, 수은을 포함한 부품 등 지정된 부품을 떼어내는 의무를 진다. 처리시설에 대한 정보의 명시, 이용자의 정보 명시 등도 의무로 되어 있다.

예컨대, 어떤 유럽의 대형 물류기업에서는 WEEE 지침에 의하여 1~2%의 비용(물류비) 증가가 예상된다고 하여, WEEE 지침 대응의 전문팀을 설치하고 있다. WEEE 지침 등에 의하여 과거보다 더 많은 기기가 회수될 것을 염두에 두면서 제품의 수리, 회수분야를 강화해 가고 있다.

② RoHS 지침(전기전자기기의 유해물질함유금지령)

적용제품은 WEEE 지침과 거의 같으며, 카드뮴, 6가크롬, 아연, 수은, PBB(폴리브롬화 비페닐), PBDE(폴리브롬화 디페닐 에테르)의 여섯 물질이 금지 물질이다.

③ REACH 지침(화학물질의 종합적 등록, 평가, 인가, 제한에 관한 지침)

특정 화학물질을 사용하는 경우 그 자료를 제출하는 것을 규정하고 있다. 등록, 평가, 인가, 제한의 네 가지 절차를 거친다. 자료의 제출처는 유럽화학청(헬싱키)이다. 원칙으로 1개 회사 당 제조량·수출량이 1톤 이상이 되는 모든 물질이 그 대상이다. 다만 방사선물질, 보세구역 내의 물질, 단리(單離)되지 않는 중간체[45] 및 위험물질의 수송은 예외로 한다.

④ ELV 지침(유럽자동차 재활용 지침)

일본의 자동차 재활용법이 만들어질 때 참고되기도 하였지만, 한층 더 엄격한 내용으로 짜여 있다.

자동차업체에 대하여 2002년 7월 이후 시장에 보내는 자사제품을 폐차하는 경우의 무료회수·재이용의 의무화, 2006년 1월까지

---

45) 단리되지 않는 중간체(non-isolated intermediate)는 합성 동안, 그 합성이 이루어지는 기기에서 의도적으로 배출되지 않는(시료채취는 제외) 중간체를 의미한다. 그런 장치는 반응기, 그 부속 장치 및 그것을 통하여 그 물질이 다음 반응단계를 위하여 하나의 용기에서 다른 용기로 이송되기 위한 연속류 또는 회분식 프로세스 및 배관에 의하여 통과되는 모든 기기를 포함하지만, 그 물질이 제조 후에 그 중에 저장되는 저조(貯槽) 또는 기타 용기를 제외한다.

또 수많은 기업이 환경무장의 일환으로서 시설관리(facility management)를 충실히 하는 데도 힘을 쏟고 있다. 환경관리의 시점을 고려하면서 순환형 물류시스템을 측면에서 강화하고 있다.

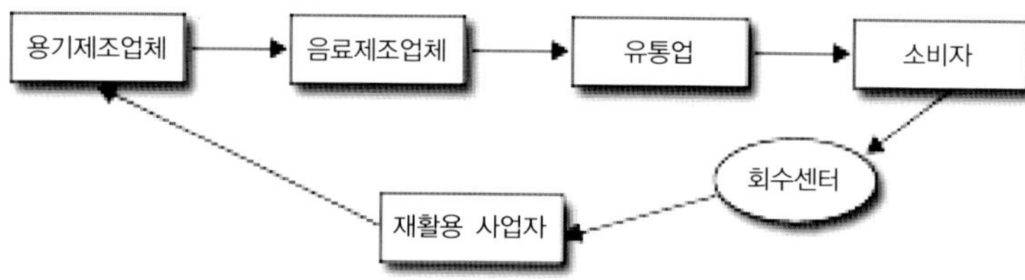

[그림 6-4] 되돌리기 방식

(2) 커브사이드 수집방식

되돌리기 방식과 더불어 재활용물류의 구조로서 지자체 등의 회수시스템으로써 유력한 선택지가 되고 있다.

커브사이드(curve side)수집방식이란 지자체가 지정하는 재(再)자원 대상물을 다른 폐기물과 분별해서 자택 앞의 도로 커브 쪽에 내놓고, 그것을 지자체나 지자체로부터 위탁을 받은 수집운반업자가 새벽에 수집하는 방식을 말한다.

미국의 폐기물수집기업인 재활용뱅크는 이 회사가 배포한 IC 태그가 붙은 쓰레기 수집용기를 각 가정이 자신의 집 앞에 내놓게 하고, 배출한 쓰레기양에 따라 얻는 포인트에 따라서, 이 회사의 시스템에 가맹한 소매점으로부터 할인을 받을 수 있는 서비스를 하고 있다.

(3) 역유통방식

판매점 등이 창구가 되고, 폐품을 회수하는 시스템을 말한다. 중요한 것은 모든 제품을, 판매점 등이 창구가 되어 회수를 할 수 있다는 것은 아니다. 판매채널을 회수창구로 사용하는 것이 효과적인 제품과 그렇지 않은 제품이 있다.

예컨대 폐타이어는 타이어 판매점이나 주유소 등에서 신품 타이어와 교환될 때 회수된다. 이러한 환류촉진 기능을 가진 "구조적 장치"가 내포되어 있는 물건의 경우 역유통방식이 유효하다고 말할 수 있다.

(4) 예치금제도

용기포장 폐기물의 회수시스템에는 예치금(deposit)제도를 도입하는 것이 효과적이다. 예치금제도는 환류 촉진 기능으로써 회수 물류시스템에서 유효하게 기능한다. 사용하고 버리는 용기 등을 무상으로 배포하지 않고, 예치금제도로 바꿈으로써 폐기물의 발생량을 억제할 수도 있다.

(5) 회수 박스

1회용 용기의 회수에는 회수박스의 도입도 유효하다. 예컨대 용기를 회수 박스에 넣으면 예치금이 지불되게 한다. 예치금의 반환을 위하여 소비자에게는 적극적으로 재활용쓰레기를 분별있게 처리하는 동기를 가지도록 한다.

(6) 모니터링시스템

재(再)자원화를 확실히 추진하기 위해서는 모니터링시스템의 도입이 효과를 발휘하는 경우도 있다.

예컨대 네덜란드의 자동차 재활용시스템에는 자동차의 불법처분, 불법투기 등을 감시하는 모니터링시스템이 도입되고 있다. 그리고 그 모니터링시스템과 연계하는 형태로 정부의 합의 아래 재활용사업자, 동맥·정맥물류사업자 등과 회수네트워크를 구축하였다. 네덜란드에선 적정한 처리 등을 하여 재(再)자원증명을 받지 않으면, 최종소비자는 언제든지 세금을 계속적으로 지불해야 하므로, 안이하게 불법투기에 빠져드는 사례가 적어졌다.

(7) 환류 로지스틱스의 정보화

정맥물류부문의 정보화는 동맥물류부문에 비하여 용이하지 않다고 한다. IC 태그의 실용화 등을 추진하여 환류 로지스틱스의 고도정보화를 도모할 필요가 있다. 이 분야의 연구개발도 최근에 추진되고 있다.

6.5 팔레트의 3R화

6.5.1 팔레트의 기능

팔레트는 지게차 등과 짝을 지어 활용함으로써 효용을 높일 수 있다. 팔레트의 재료에는 목재, 플라스틱(수지)제, 금속제, 종이 (골판지)제가 있다. 목재팔레트는 튼튼하고 비용도 저렴하지만, 습기에 약하고 나무쓰레기가 잘 나오는 등의 결점도 있다. 더욱이 근년에는 "한번 쓰면 버린다"가 아니고, "몇 번이라도 되풀이해서 쓴다"라고 하는 필요성이 높아지고 있다. 또 목재팔레트는 수출 시에는 훈증처리가 필요해 그 비용도 든다.

그래서 수출용 팔레트로서는 재생재 등으로 만들어진 골판지 등의 종이 팔레트가 주목 받고 있다. 종이팔레트는 목재나 플라스틱제 팔레트에 비해 적재중량도 25~35% 가량 경감된다. 종이제는 또한 훈증처리도 필요하지 않다.

국내에서는 플라스틱제 팔레트가 많이 사용되기 시작하고 있다. "나무쓰레기가 나오지 않고 가벼운데다가 부패하지 않는다", "못이 튀어 나오는 일이 없다"는 등의 장점이 있다. 또 스틸(철), 알루미늄 등의 금속제 팔레트도 사용된다. 팔레트 자체의 비용은 높지만, "강도가 높고 오래 쓸 수 있다", "길이와 중량이 항시 일정해 하역하기 쉽다"는 등의 장점이 있다.

6.5.2 목재팔레트와 환경

계획 식림재를 사용한 목재팔레트를 활용함으로써 친환경적인 물류를 구축하는 것이 가능하다. 삼림은 계획적 식림, 적절한 벌채 등을 필요로 하고 있다. 삼림의 CO_2 흡수력을 강화하기 위해서도 목재팔레트의 사용은 바람직하다고 본다.[48] 다만, 수입품과 함께 국내에 들어오는 팔레트 등에 대해서는 전혀 실태가 파악되지 않고 있다.

또한 목재팔레트는 이전에는 일반폐기물이었으나, 2008년 4월 1일부터 산업폐기물로서 나무쓰레기의 정의가 법률에 의하여 새롭게 규정되었는데, "화물 유통을 위하여 사용된 팔레트"에 대해서는 업종지정 없이 산업폐기물이 되었다. 일반폐기물로부터 산업폐기물로 구분됨으로써 배출사업자에게는 산업폐기물처리사업자와의 위탁계약서의 체결, 산업폐기물관리표의 교부 등이 의무로 부과되었다.

6.5.3 목재팔레트의 재활용

1997~2006년 10년 간의 생산통계(일본팔레트협회)에 따르면, 팔레트의 총생산량은 연평균 약 6,000만 장이다. 팔레트의 폐기량은 기존 통계 등에서 파악되지 않고 있다. 그런데 팔레트 생산량으로부터 폐기량을 추측할 수 있다. 현재 쓰이고 있는 팔레트의 약 70%가 목재팔레트라는 점을 고려하면, 매년 약 4,000만 장이 폐기되고 있다고 추정된다. 또 폐기물처리법의 개정으로 일반폐기물에서 산업폐기물로 구분이 바뀌었다는 사실에서 앞으로 생산량이 늘어날 가능성도 있다.

그리고 폐기되고 있는 대량의 목재팔레트를 3R화함으로써 폐기 자원을 유효하게 활용해 나갈 수 있는 것도 고려할 수 있다.

48) 일본 팔레트협회의 "지구온난화 스톱"

그런데 현재 상황에서는 아래의 문제점이 발생된다.

① 작업면에서의 문제점

팔레트를 파쇄하려면 시간과 비용이 든다. 또 구내의 폐기장소로 운반할 때, 지게차 등에서 낙하하는 위험도 따른다. 더욱이 배출사업자인 트럭운송사업자 등이 개별로 폐기물처리사업자에게 수집운반을 위탁할 때, 시간이 소요되기도 하고, 작업공간 등에 영향을 미치는 문제도 있다.

② 처리비용의 발생

폐기팔레트의 처리비용을 물류사업자는 하주기업에 청구하기 어렵거나 할 수 없다. 또 폐기물처리사업자에게 위탁계약을 맺고 있을 경우, 로트(lot)가 적고 처리단가가 높아지는 경우가 많다.

③ 처리책임의 소재

불법투기나 부적정처리가 행해졌을 경우에 배출사업자로서의 법적 책임이 발생한다.

④ 보안의 문제

재해 시에 쌓아 놓은 팔레트가 무너지거나, 날아가는 위험이 있다. 높이 쌓여 방치된 팔레트에는 화재발생의 위험도 있다. 또 구내의 트럭, 지게차 등의 안정운행에 지장이 생길 가능성도 있다.

⑤ 사무처리 등의 시간과 비용

수집운반사업자에게 수집운반을 의뢰하고 산업폐기물관리표 등을 관리하는데 시간과 비용이 든다. 또 트럭터미널 등의 공익비용으로 나무쓰레기를 처리할 때, 부담금을 폐기팔레트의 배출량 등에 따라 안분시키기가 어렵다. 또 목재팔레트의 폐기처분을 위해서는 못을 뽑을 필요도 있다.

6.5.4. 폐기팔레트 공동재활용시스템의 구축

그래서 대응책으로서 생각되는 것은 사용이 끝난 목재 폐기팔레트의 공동 재활용시스템의 구축이다. 트럭터미널 등에서 사용이 끝난 팔레트를 회수하여, 재활용 공장에 가져가, 파쇄하고 RPF(Refused Plastic Fuel)[49]나 종이 펄프의 원료가 되는 나무조각을 제조하는 것이다. 사용이 끝난 팔레트 한 장으로 A4 용지 약 2,212장이 만들어진다는 보고도 있다. 또 RPF 등을 열로 이용하면 사용이 끝난 팔레트 한 장으로 중유 6.6리터 분의 열량을 얻을 수 있다고 한다.[50]

49) 폐플라스틱을 사용하여 제조한 고형연료제품(Refused Plastic Fuel(RPF))이라 함은 가연성폐기물(지정폐기물 및 감염성폐기물을 제외한다)을 선별·파쇄·건조·성형을 거쳐 일정량 이하의 수분을 함유한 고체상태의 연료로 제조한 것인데 중량기준으로 폐플라스틱의 함량이 60% 이상 함유된 것을 말한다.

50) 일본제지연합회 자료, 일본로지스틱스 시스템협회(JILS) "로지스틱스 환경회의 2004년도 보고서" 물류분과회의 보고에 따른 것이다. 또 목재팔레트는 양질의 목재로 만들어지므로, 대부분을 제지용 칩으로 만들 수 있다고 한다. 그리고 적재효율의 분기점은 10톤 차로 300장 정도이다.

6.6 배달용 상자의 도입

포장을 통해 물류비의 절감뿐만 아니라 환경면에 대한 상당한 효과도 기대할 수 있다. 예컨대, 내장함과 외장함 사이를 종이, 기포완충재로 메우기도 한다. 그런데 그렇게 되면 납입처에서 대량의 쓰레기가 발생한다. 내장품 상자를 PP밴드[51]로 고정하면 완충재가 필요 없게 되며, 비용절감으로도 연결된다.

물론 불필요한 쓰레기를 배출하지 않게 되면 환경부하도 감소한다.

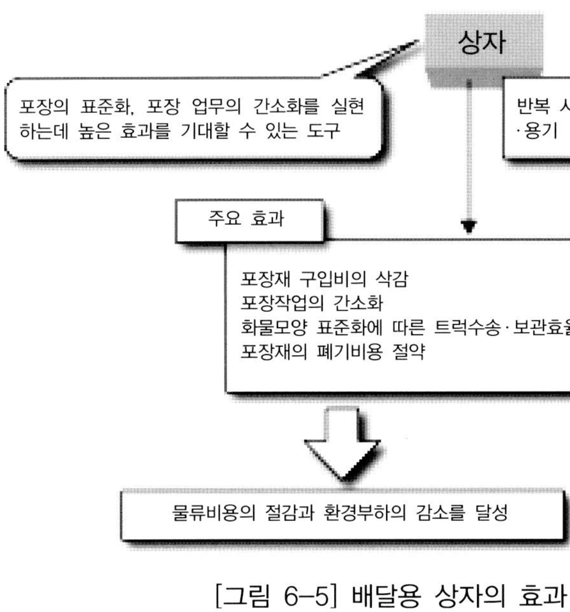

[그림 6-5] 배달용 상자의 효과

다시 말하면, 포장의 표준화, 포장 업무의 간소화를 실현하는데 높

51) 폴리프로필렌 수지를 주원료로 한 대상(帶狀)밴드, 화물의 포장에 쓰인다.

은 효과를 기대할 수 있는 도구로서, "배달용 상자"(반복사용가능 박스)가 있다. 포장비의 절감과 트럭수송 · 보관효율의 향상뿐 아니라, 관련 경비의 절감을 동시에 추진할 수 있다.

예컨대 소니에서는 국가 간에 반복사용할 수 있는 배달용 상자를 도입하고 있다. 포장재 폐기물의 발생을 최소한으로 억제하는 것이 목적이다.

또 후지(富士)로지스틱스와 스타웨이는 반복사용가능 포장상자와 그 빈 상자의 회수시스템을 공동으로 개발하였다. 후지제록스의 전국 서비스 거점에 공급한다. 보수용 부품의 수송에 이용되고 있다.

후지제록스는 골판지 상자로서는 2회 정도의 수송밖에 견뎌내지 못하기 때문에, 비용절감을 염두에 두고 배달용 상자의 도입에 들어섰다. 새로운 시스템에서는 100회 이상 반복이용이 가능해져, 포장재 구입비를 55%나 삭감하는데 성공하였다. 더욱이 컴팩트하게 접기 때문에 빈 상자의 회수비용도 대폭 억제할 수 있었다. 접어서 작게 만든 아홉 장을 본래 모양의 한 상자에 수납하여 10상자를 한 세트로 회수하는 것이 가능해졌다. 빈 상자 회수비용을 90%나 삭감할 수 있게 된 것이다. 게다가 IC 태그를 활용한 경로추적 시스템을 구축, 내용물의 재고와 회수에 대해 웹상의 관리도 하고 있다.

미국의 연구에서도 배달용 상자 시스템의 도입과 더불어 적재효율 향상을 도모해, 40%의 물류비용의 절감에 성공한 기업사례가 보고되고 있다.

6.7 박스 팔레트 · 접이식(형) 컨테이너의 활용

물류센터 등에서 사용되는 '소형 컨테이너'라고 불리어지는 것에는, 접어서 작게 만드는 형태의 컨테이너(접는 컨), 박스 팔레트 등으로 불리어지는 종류가 있다.

접어서 작게 만드는 형태의 컨테이너는 그 이름대로, 회수 보관 시 등에는 접어서 작게 할 수 있다. 용기의 압축이 가능하므로 공간을 유효하게 활용하고, 환경부하의 저감에도 유익하다.

소형 컨테이너의 활용에 의해 포장비의 절감, 포장 작업의 간소화 등이 기대된다. 적재효율의 향상이나 운임의 절약에도 연결된다. 또 화물의 모양이 표준화되고, 하역효율도 향상된다. 물건의 적재붕괴나 파손을 방지할 수도 있다.

또 "박스팔레트"도 환경부하 저감의 측면에서 주목받고 있다. 보관용으로도 소형 컨테이너가 사용된다. 컨테이너 안에 물건을 넣어 높이 적재할 수 있기 때문에 보관효율도 향상시킬 수 있다. 이동과 적재 작업이 많은 경우에는 박스팔레트를 사용함으로써 보관, 수·배송, 분류작업의 간소화가 가능해지는 것이다. 다시 말하면 물류센터 내의 별도(화물환적) 작업을 원활히 하는 것이 가능해진다. 일부러 별도 작업 때문에 특별한 운반기기를 준비할 필요가 없어진다.

6.8 ‖ 발생억제의 중요성

발생억제(reduce)란 생산에서 낭비를 배제하고, 환경부하를 철저히 저감하는 일이다. 발생억제를 실행해 나감으로써 포장재 등의 폐기물이 감소할 뿐만 아니라, 동맥 정맥·쌍방의 물류에 있어서 트럭수송, 보관, 효율의 향상이 기대된다. 성공적으로 발생을 억제하면 환경부하의 저하와 물류비의 절감을 동시에 충족할 수 있기 때문이다. 발생억제의 기본 항목으로서는 아래와 같은 것이 있다.

① 경량화, 슬림화, 소형화의 추진

② 리필(보충)

③ 간이 포장

④ 재활용 용이화

⑤ 기타

예컨대 ①에 관하여는 부품, 제품의 경량화와 소형화를 꾀하는 일인데, 트럭수송, 보관효율 등의 효율이나 환경부하의 저감을 추진할 수 있다.

②에 관하여는 조미료 등에서 이루어지고 있는 '리필 용'이라는 형태로 내용물만이 판매되고 있는 것이 이 사례에 해당한다. 이것으로써, 연간 1~2만 개의 병 사용이 절감되는 경우도 있다.

③에 관하여는 예컨대 제품을 하나씩 작은 상자에 넣은 후 다시 큰 상자에 넣지 않고, 큰 상자에 모아서 넣음으로써 간소화를 꾀할 수 있다. 상자 내부의 중간 구조를 없애는 것도 한 방책이다.

④에 관하여는 제품의 색을 투명하게 하여 재활용의 적용 범위를

넓게 하는 것이 해당된다.

⑤에 관하여는 여러 가지 가능성이 고려된다. 재생재를 쓴 포장재의 사용, 포장물의 중량 경감 등을 말할 수 있다.

발생억제를 전략적으로 추진함으로써 물류효율을 더욱더 향상시키면서 환경부하의 저감도 효과적으로 개선해가고 있다.

6.9 ‖ 수리부품의 재고관리

수리(repair) 등에 관한 물류과정은 보수 · 회수 · 재사용 시스템 연쇄관리(recovery chain management)라고 불리기도 한다.

수리부품은 고장률이 얼마나 되는지는 파악할 수 없기 때문에 재고관리가 용이하지 않다. 더욱이 부품에 따라서는 결품(缺品)이 허용되지 않는 것도 있다.

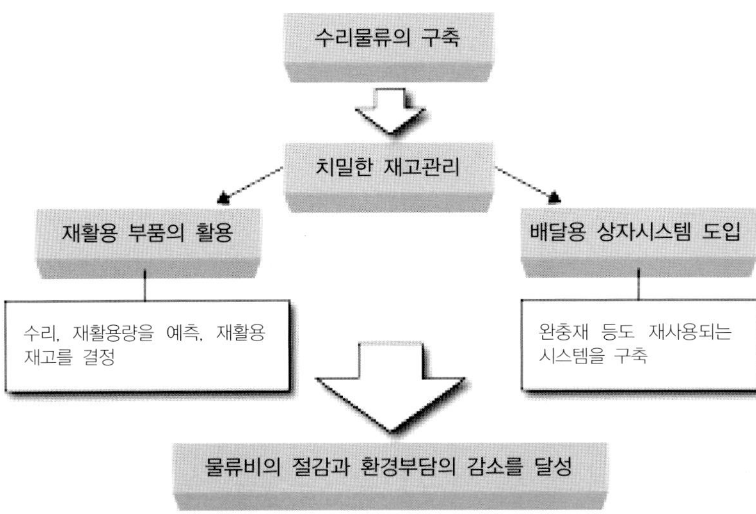

[그림 6-6] 수리물류의 구축

그 때문에 지금까지는 물류비 절감에 관해서도 임시변통으로 다루어지는 경향이 있었다.

여기서 수리물류에 관해서도 충분한 비용 의식이 추구되기 시작하였다. “정보 공유를 철저히 하고, 필요한 수리부품을 필요한 개수만 공급한다"라는 생각을 철저히 할 필요가 있기 때문이다.

소비자가 구입한 PC의 부품 등이 손상되면 신속하게 수리부품이 필요해진다. 재고가 떨어지면 고객서비스 관점에서도 큰 마이너스가 된다. PC 본체의 경우는 점포 앞에 결품이 되어 있더라도 소비자는 경쟁회사의 PC를 구입할 수 있다. 수리부품의 경우, 결품이 되면 사용자는 PC 자체를 사용하지 못하게 된다.

그렇다고 해서, 과잉재고를 갖출 수는 없다. 수리부품의 재고는 고객 만족의 관점을 중시한다면 과잉이 되기 쉽지만, 수리부품에 관한 재고관리를 확실히 함으로써 물류비를 대폭 절감할 수 있다.

또 회수된 사용이 끝난 PC, 또는 그 부품에 대한 정보, 주문 수량 등을 데이터베이스에 넣어, 수리부품으로서 활용하고 있는 기업도 있다. 컴퓨터에 의한 수리량(量), 재활용량 예측 등에 따라 재고를 결정하고 있다.

수리부품에 대한 공장 간 물류 등에서 배달용 상자 시스템을 도입하는 경우도 있다. 그리고 이때, 배달용 상자 본체뿐 아니라 완충재도 반복 사용할 수 있도록 연구한다면 더 많은 비용절감과 환경부하의 저감이 가능해진다.

6.10 ‖ 회수물류시스템의 효율화

"물류의 전략화는 동맥물류부문만으로 충분하므로, 정맥물류부문까지 다룰 수 없다"라고 한다면, 지금부터의 기업경영을 원활히 추진하기는 쉽지 않을 것이다.

그런데 회수물류시스템에 대해서도 기업이 효율화를 추진할 필요가 생겼다. 폐제품의 배출량의 추이 등을 면밀히 예측하여 원활히 회수되도록 시스템을 전략적으로 구축해 나가는 게 중요한 과제이다.

예컨대 미국의 PC 관련 대형 제조업체 X사는 아시아의 OEM(외부위탁생산) 기업의 Y사와의 글로벌 회수물류를 구축함에 있어 운송수단 전환, 배달용 상자 시스템을 전략적으로 도입하였다.

X사는 Y사 간의 수송수단을 항공수송으로 하고 있었다. 수송비는 높지만, 리드타임을 최소한으로 하기 위하여 부득이한 선택이었다. 그러나 Y사로부터 X사로의 재활용물류까지도 항공수송을 할 필요는 없었다. 그래서 사용이 끝난 부품의 회수에 대해서는 해상수송을 도입하였다.

더욱이 그 때까지는 두 회사 간의 물류에서는 골판지가 쓰이고 있었으나, 그것을 배달용 상자로 바꾸었다. 반복사용이 가능한 자재로 바꿈으로써 골판지의 구입비, 폐기비용 등을 절약할 수 있게 되었다. 배달용 상자의 크기는 트럭수송, 보관효율 등을 최대한 발휘할 수 있도록 설계되었다.

물론 배달용 상자의 도입효과는 정맥물류뿐 아니라 동맥물류까지 미치고 있다. 전 물류과정의 수송효율이 크게 개선되었다. 그리고 물류센터에 골판지, 비닐봉지 등의 재활용설비를 병설하는 대책을 강구하는 기업도 있다. 폐기비용을 대폭으로 절약할 수 있다. 더욱이 재활용제품의 판매와 관련한 사업기회도 확대 가능하다.

6.11 ‖ 재사용의 개요

재사용(reuse)은 재활용과 혼동되는 일이 많다. 재사용이란 완성품, 또는 부품, 자재 등의 재이용을 말한다.

재사용의 가능성을 산업별로 정리해보고자 한다.

(1) 자동차

중고 자동차 시장은 이미 확립되어 있다. 나아가 이부품이 재사용되고 있으며 부품 공급업체와 자동차업체 사이의 배달용 상자도 사용되고 있다. 그런데 부품의 경우, 고연식(高年式) 자동차의 중고부품은 높은 부가가치를 가지는 경우가 많지만, 저·중년식 자동차의 중고부품은 부가가치가 낮은 경우가 많아 국내에서는 수요가 한정되어 있는 편이다. 따라서 재생자원화 하느냐 해외로 수출하느냐 하는 선택을 강요받게 된다.

(2) 가전 · PC

중고 가전, PC 시장 이외, 부품의 재사용과 조달물류에서 배달용 상자가 활용되고 있다. 그런데 가전제품의 발달이 두드러져, 낡은 제품이 신제품의 스펙(specification)에 반드시 일치하는 게 아니므로 효율적 재사용시스템을 마련하기가 쉽지 않다.

(3) 음료수 · 식품

기본적으로 재사용은 곤란하지만, 용기포장의 재활용은 가능하다. 배달용 상자의 도입도 진행하고 있다. 근래 사용이 끝난 페트병(pet bottle)을 원료로 하여 재생 페트병도 개발 · 실용화되고 있다.

(4) 어패럴(apparel)

헌옷 시장의 확립, 확대 이외에 백화점 통일옷걸이[52]를 비롯해, 옷걸이의 재사용시스템의 구축이 진척되고 있다.[53] 그런데 사용이 끝난 의복의 대부분은 재사용되지 않으며, 열회수(thermal recycle)[54]로의 유효한 활용이 모색되고 있다.

(5) 물류사업자

물류사업자의 재사용 대상품목으로서는 배달용 상자, PP밴드, 팔레트 등이 고려된다. 또 트럭 등의 재생타이어의 도입도 추진되고 있다. 여기에 더해 운반관리기기와 물류시설에서, 손상이 심한 부위에 대해 조속히 수리 · 수선을 하는 등의 관리를 충실히 하는 것도 중요하다.

---

52) 백화점 통일옷걸이 재활용시스템은 일본백화점협회, 일본의류산업협회, 통일옷걸이 협의회의 사용자, 제조업체, 회수 · 처리기업의 세 단체가 백화점에서 사용하는 옷걸이의 재활용시스템이다. 백화점에 진열되는 양복은 배송시에 생기는 주름을 방지하기 위하여 한 벌 한 벌 옷걸이에 걸어 납품되고, 매장에서 각 점포의 옷걸이에 걸어 바꾼 후에 진열되고 있다. 납품시 사용된 옷걸이는 플라스틱 쓰레기로 각 점포에서 폐기되고 있다.

53) 재사용(reuse)형 의료품 옷걸이의 기업사례로서는 백화점 통일옷걸이 시스템 등이 알려져 있다. 봉재공장의 생산용 옷걸이, 어패럴의 물류용 옷걸이, 백화점의 진열용 옷걸이를 모아 사용필한 옷걸이는 통일옷걸이가 지정한 리폼 센터에서 세정, 보수, 분류, 보관되어 제봉공장에 되돌아간다.

54) 열회수(Thermal Recycle)는 폐기물을 간단하게 소각 처리하지 않고 소각 때에 발생하는 열에너지를 회수·이용하는 것이다. 용기포장 재활용법에서 인정하는 유화·가스화 외에 소각열 이용, 폐기물 발전, 폐기물 고형연료 등이 있다.

6.12 ‖ 재사용의 사례

기린맥주[55]는 에너지절약 · 자원절약을 목적으로 "반복사용이 가능하며 대용량이지만 무게를 줄인 맥주용기"을 개발해, 음료 용기를 재사용하는데 효율화를 한층 더 높혔다.

아사히카세이(旭化成) 홈즈는 凸판인쇄와, IC 태그를 이용한 포장자재 관리 시스템을 개발하였다. 주택신축현장에서의 포장자재의 반복사용 가능화를 추진한다.

도요타자동차는 전자상거래(e-Commerce)에 의한 재사용부품의 취급을 전국의 부품 공판점에서 하고 있다. 도어, 펜더, 그릴, 범퍼, 램프류 등을 취급하고 있다.

사가와큐빈(佐川急便)은 3R 대응형 PC 택배 서비스 '사가와 PC편'을 새로 개발하였다. 일반 가정이 PC를 수리하려고 내놓을 때 원래 포장자재를 사용할 수 있도록 한다. 야마토운수도 3R에 대응, 택배 서비스를 향상시키고 있다. 친환경 배달용 상자의 개발을 착안하고 있다.

또 대형 물류기업은 광역인정제도(다음 항에서 설명)의 활용 등을 꾀하면서, 동맥부분의 수배송과 센터운영에 물건의 거래, 회수로부터 재활용, 재사용에 이르기까지 정맥물류시스템을 연계시킨 동 · 정맥 일관형 물류관리에 힘을 쏟기 시작하였다. 하주기업이 자사제품의 회수로부터 재활용, 재사용에 이르는 일련의 흐름을 원활하게 하는 일을

55) 2006년도 용기 포장 3R 추진 환경부장관상의 제품부문에서 '우수상'을 수상하였다. 유리 두께를 얇게 해, 병 모양을 슬림화하고, 큰 병 하나 당 21%, 한 케이스로는 약 2.6kg의 경량화를 실행했다. 제조, 수송 등에서 CO_2 배출량을 15% 감축 가능하다.

지원한다. 회수네트워크에 대해서는 거래처 수와 로트규모를 고려한 밀크런 방식이나 돌아오는 편의 활용 등 몇 가지의 선택지를 고려할 수 있다. 동맥물류만으로서는 발생하게 되는 공하(空荷: 짐이 없는 상태) 위험을 정맥물류의 네트워크를 구축함으로써 회피하는 것도 가능해진다.

확대생산자책임, 배출사업자책임 등이 중시되는 추세 속에서 하주기업이 책임을 지고 추진하는 회수시스템의 구축이 요구되고 있다. 물류기업에는 그런 하주기업의 요구를 수용할 필요가 발생하고 있다.

6.13 ‖ 광역인정제도

광역인정제도는 환경부가 확대생산자책임에 의한 재생이용의 추진을 목적으로 도입한 제도이다. 광역인정사업자란 제조업체 등이 광역적으로 자사제품 등의 처리를 시행하는 인정을 받은 사업자를 말한다. 일정한 기준을 충족한 안정성이 높고 형상이 용이하게 변하지 않는 폐기물이 대상이 된다. 또 제조업체 등이 자사에서 회수함으로써 효율적으로 감량, 적정처리가 되는 제품이 대상이 된다.

또한 광역인정제도를 이용하면 산업폐기물처리사업자가 아닌, 일반 운송회사에 폐기물의 수집운반을 위탁할 수 있다.

그리고 광역인정제도에서는 산업폐기물관리표의 교부는 필요하지 않으므로, 사무처리의 부담이 통상의 폐기물 처리에 비하여 가벼워진다.

예컨대 폐기 PC의 경우를 생각해보면, PC 제조업체 A사의 제품을 각 가정이 구입한 경우, 가정마다 사용하지 않게 된 그 제품을 처분하면, A사의 제품일지라도 배출사업자는 각각의 구입자가 된다. 그런데 재활용 등을 효과적으로 진행하는 데는 PC 제조업사슬 A사가 회수하는 게 편리한 경우도 생각해 볼 수 있다.

이 경우, 일반폐기물의 광역지정제도의 적용을 받으면 환경부장관이 인정한 규정완화 조치로서, 수집운반의 허가가 없더라도 수송·운반과 환적보관을 할 수 있다. 지정운송회사가 기존의 동맥물류 인프라를 정맥물류의 네트워크에 활용하는 것도 비교적 용이하다.

그런데 광역인정을 받으려면 복수의 도도부현(都道府縣)에서 수집

운반을 시행할 필요가 있다. 또 지정폐기물 이외는 취급할 수 없다. 앞에서 언급한 PC의 회수사업의 사례에서는 그 이외의 제품에 대해 수집 운반, 환적보관 등을 하는 것은 불가능하다.

제7장

에너지절약 대응의 물류시설·운반관리기기의 도입

전략적으로 물류시설이나 운반관리기기를 잘 이용함으로써 환경부하의 감소를 추진하는 것이 가능하다.

7.1 ‖ 운반관리기기의 도입

운반관리기기(material handling)란, 공장이나 물류센터의 물류업무에 대한 작업효율화를 추진하기 위하여 쓰이는 자동창고, 랙, 피킹시스템, 지게차 등의 총칭이다. 입출고, 격납, 피킹 등 장내, 창고내의 작업 자동화, 에너지절약화, 비용절감을 추진한다. 일련의 하역작업을 기계화함으로써 인건비 삭감이나 작업공간의 절약, 보관효율 향상 등이 가능해진다. 예컨대 피킹작업에서는 디지털피킹시스템의 도입으로 노동집약적 작업의 대폭적인 에너지절약화가 이루어진다. 그리고 앞으로는 물류효율화뿐만 아니라 환경부하의 저감에서도 운반관리가 수행하는 역할은 더욱 커질 것으로 보인다.

그런데 무분별한 운반관리기기의 도입은 역으로 작업효율을 저하시키는 요인이 될 수도 있다. 도입에서는 각 운반관리기기의 특징을 충분히 파악한 후에 신중하게 집행할 필요가 있다. 물류프로젝트와 연계시킨 형태로 전략적이고 효율적인 도입을 추진할 필요가 있을 것이다.

운반관리기기의 도입에서는 입하장소, 보관장소, 피킹지역(picking area), 출하장소, 크로스도킹지역(cross docking area) 등에 물건의 유동성이 손상되지 않도록 충분한 주의가 필요하다. 운반관리기기를 물류현장에 설치함에 있어 공간의 유효한 이용을 위한 작업효율, 보관효율을 향상하는 것도 중요하다.

물류특성을 파악하면서 사안별로 답을 찾아내야 한다.

각 하주기업이 취급하는 물건과 재고의 규모, 물류센터의 구조에 따라 운반관리기기의 도입, 하역프로세스는 상당히 달라진다. 따라서 각 기업의 물류특성, 재고특성을 파악해, 거기에 합당한 환경전략을 구축해 나갈 필요가 있다.

7.2 물류 · 재고거점의 재검토

물류거점의 집약화를 추진함으로써 전체 재고의 삭감을 추진하고, 동시에 환경부하를 감소시키는 물류시설과 운반관리기기를 도입하는 것이 가능하다. 물류거점이 많으면 여러 거점 모두가 재고나 배송 네트워크를 필요로 하기 때문이다. 재고 확보를 위한 경쟁이 발생하기도 하며, 트럭수송이 복잡해지고 중복될 여지가 많다.

그런데 동일 지역 내의 물류거점을 한 곳에 모으게 되면, 그곳의 재고관리에는 중복이 생기지 않는다. 또 한곳에 재고를 집약함으로써 재고의 가시화도 추진할 수 있다. 어떤 아이템의 거점마다의 재고량이 서로 보이지 않으면 각 거점은 각각 필요 이상의 재고를 가질 수 밖에 없다. 그러나 재고거점이 집약화 되고, 나아가 전 거점의 재고정보가 네트워크로 연결되어 있으면 재고수준을 눈에 띄게 줄일 수 있다.

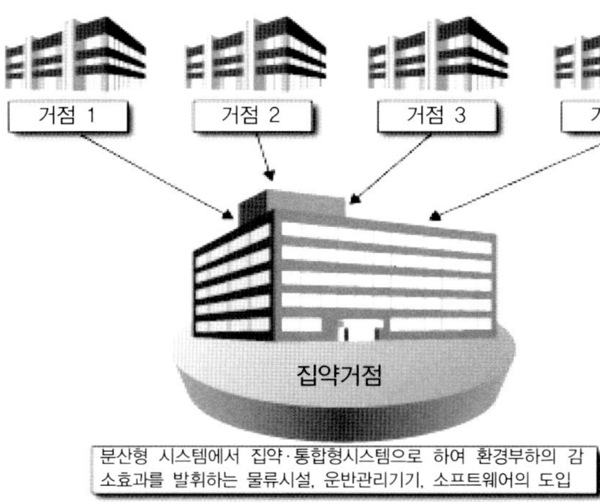

[그림 7-1] 거점집약과 환경부하의 감소

7.3 ‖ 개정 에너지절약법과 물류시설 · 운반관리기기

에너지절약법은 각 분야에서 보다 나은 에너지 사용의 합리화를 추진하기 위하여 공장 · 사업장 및 주택 · 건축물 분야의 대책을 강화하고 있다. "공장, 창고 등의 에너지 관리를 어떻게 효율적으로 하며, 환경전략을 추진해 가야 하나"라는 관점이 더욱더 중시되고 있다.

2010년 4월부터 그 때까지의 공장 · 사업장 단위의 에너지 관리로부터 사업자 단위(기업 단위)의 에너지 관리로 규제체계가 바뀌고, 사업자 전체(본사, 지점, 공장, 영업소, 점포 등)의 1년 간의 에너지 사용량(원유 환산)의 합계가 1,500kℓ 이상일 때, 특정 사업자의 지정을 받지 않으면 안 되게 되었다.

프랜차이즈 사업의 본부와 그 가맹점의 경우는 그 본부가 연쇄화 사업자가 되고, 가맹점을 포함한 합계가 1,500kℓ 이상인 경우에는 특정 연쇄화 사업자의 지정을 받게 된다.[56)]

한편, 시설 내의 기계 · 기구에 관하여는 톱러너 기준이 확대되었

---

56) 사업자 단위의 범위는 법인격 단위가 기본이고, 자회사, 관련회사, 협력회사 등은 별개 법인이므로 별개 사업자로 취급한다. 연쇄화 사업자란, "정형적인 약관에 의한 계약에 따라, 특정 상표, 상호, 기타의 표시를 사용하게 하고, 상품 판매 또는 서비스 제공에 관한 방법을 지정하고, 또한 계속적으로 경영에 관한 지도를 하는 사업"을 하고 있으며, 가맹점과의 약관 등에서 "본부가 가맹점에 대하여 가맹점의 에너지 사용 상황에 관한 보고를 시킬 수 있다는 점" 그리고 "가맹국의 설비에 대하여 공기조정설비의 구성 기종, 성능 또는 사용법" 또는 "냉동·냉장기기의 기종, 성능·사용법" 또는 "가열 및 조리기기의 기종, 성능·사용법" 가운데서 하나를 지정하고 있는 사업자를 말한다. 또 3,000kℓ/년 이상의 에너지를 사용하고 있는 공장 · 사업장을 "제1종 에너지관리지정공장"으로 지정한다. 1,500kℓ/년 이상 3,000kℓ/년 미만의 에너지를 사용하고 있는 공장 · 사업장을 "제2종 에너지관리지정공장"으로 지정한다.

다. 에어컨, 자동차, 조명기구 등에 더하여 액정·플라즈마 TV, 중량차 등도 대상이 되고, 사업자로부터 사용자로의 정보 제공이 한층 더 충실하게 되기를 요구받게 되었다. 여기서 톱러너 기준이란, 에너지 소비 기기 가운데서 현재 상품화되어 있는 제품으로써 가장 에너지소비 비율이 뛰어난 성능을 목표기준치로 정하고, 그 이상의 성능향상을 목표로 하는 에너지절약시책을 말한다. 물론 그 도입의 대상은 앞으로 더욱 확대해 나갈 것이다.

또 영업창고의 에너지절약설비·기술도입에 대해서는 NEDO의 에너지사용 합리화 사업자지원사업의 보조금제도를 활용한 지원제도가 2005년도부터 시작하였다. 더욱이 2007년도부터는 운반관리설비의 대체, 신설도 대상에 포함되었다.

이미 설치되어 있는 수직반송기, 자동창고, 이동선반, 컨베이어 등이 소비하는 에너지를 절약하는 경우(대체 사업)와 새로운 영업창고를 세울 때 "에너지절약형 창고"로서 에너지절약 설비를 도입할 때(신설 사업), 그리고 "에너지절약 설비·기술 도입계획"으로써 적정하다고 인정되면 총사업비의 1/3을 보조받게 된다.

또한 재차 에너지절약법의 개정안이 나오리라는 기대로 경제산업부는 에너지 사용량이 많은 편의점 등의 프랜차이즈를 법규제의 대상으로 하는 방침을 굳히고 있다. 현재는 개별 공장에 대하여 에너지 사용량의 보고 의무가 부과되어 있지만, 이를 기업 단위로 하는 방향성이 뚜렷이 제시되고 있는 셈이다. 소규모 주택·건축물도 에너지절약법의 규제 대상에 포함하는 문제도 검토되고 있다.

2006년의 개정으로 일본에서는 개정 에너지절약법에서 운수부문의 대책이 도입됨에 따라, 하주기업, 물류사업자와도 운송수단전환, 공동물류, 3R(reduce, recycle, reuse) 등을 추진하는 움직임이 강해졌다.

금후의 개정에서는 운반관리기기, 물류시설의 관점에서의 에너지절약 성능의 향상에도 더 많은 주목이 집중될 가능성이 있다.

7.4 거점집약에 의한 에너지절약의 실현

복수 거점의 집약을 추진하는 과정에서 에너지 효율적인 운반관리 시스템이 도입되고 있는 추세이다.

즉, 복수의 중소 규모 거점을 대규모 거점으로 집약하여 전체적인 보관비율과 작업효율의 향상을 위한 자동창고를 도입함으로써 처리 및 보관능력의 향상을 추진하여 가동시간을 단축하고, 그에 따라 센터 전체에서 에너지절약화나 CO_2 감축을 실현한다.

거점집약에 의하여 전체 재고량의 적정화, 물류비 절감이 기대되며, 재고거점의 축소로 재고관리의 효율화를 실현할 수 있다. 그리고 분산형 시스템으로부터 집약 · 통합형 시스템으로 바꿈으로써 안전 재고량을 감소시킬 수 있게 된다.

재고거점이 많으면 거점마다 재고가 발생하므로 동일 아이템이 복수의 거점에서 중복 보관되는 일도 있지만, 거점을 집약하면 재고의 가시화도 향상하고 중복도 해소하며, 재고관리를 일원화함으로써 재고의 편재를 최소한으로 억제한다. 물론 전체재고량을 줄임으로써 환경부하도 감소할 수 있다.

거점을 집약하는 가운데 유용한 운반관리시스템을 도입하면 에너지절약 효과를 높이는 것도 가능하며, 거점집약에 의한 배송루트의 간략화도 실현할 수 있다.

또 센터의 시스템 가동에서 피킹시간을 단축하는 통로지시나 스태커 크레인(stacker crane)의 부하를 균등화하여 선박예약행위의 작업효율을 향상시키는 체제를 도입함으로써 에너지손실이 적은 친환경시스템을 구축할 수 있다.

예컨대 어떤 대형식품도매점에서는 수도권에서 기존거점을 1개소로 집약해, 새로운 대형의 범용(汎用)센터를 가동시키고 있다. 이 센터의 완성과 가동에 의하여 재고계획, 신선도관리의 고도화가 가능해졌다.

동시에 거점집약의 효과를 높이고 자동화와 인력절감을 위하여 케이스 자동창고, 출하순서를 세워 설비인 입체피킹구분기(Systema Streamer; SAS)[57] 등의 최신 운반관리기기가 도입되고 있다. 더욱이 야간빙축열[58]에 의한 창고 내 공조(空調)시스템의 채택으로 친환경적인 물류시설이 등장하였다.

또한 최근 물류시스템 기기의 에너지절약효과도 향상되기 시작하였다. 예컨대, 화물을 싣는 캐리지와 유지·보수용 운전실이 분리되어, 자동운전 시에는 캐리지만의 승강이 가능하게 되어 있는 것과 스태커크레인의 경량화에 의하여 소비전력을 종래에 비하여 30% 삭감하는데 성공한 매직 소팅 시스템도 개발되고 있다.

향후 더욱 진전된 에너지절약효과를 바탕으로 하여 소형화, 경량

---

57) SAS(Systema Streamer)는 기존의 평면전개형 구분시스템을 입체화하여 입체 피킹을 하는 기계이다. 또한 -25℃까지 냉동창고에도 대응하고 냉동고내에 작업자가 들어가지 않고 상자구분을 완전히 자동화할 수 있다. SAS 본래의 기능을 충분히 발휘하면 과혹한 작업환경에서 해방되어, 냉동창고의 작업효율의 향상, 생산성 향상을 꾀할 수 있다.

58) 빙축열시스템은 전력소비가 적은 야간 전력을 이용하여 제빙하고 그것을 녹여서 냉방 등에 이용하는 것이다. 빙축열의 목적은 여름의 냉방 부하에 의한 과도한 전력수요를 평준화하는 것이며, 전력 플랜트의 억제, 공조설비의 소형화를 도모할 수 있다. 저렴한 야간 전력을 사용하여 밤사이에 여름에는 얼음을, 겨울에는 온수를 축열탱크에 모아두고 낮에는 냉방과 난방에 사용하는 공조 시스템을 통칭 "에코 아이스"라는 명칭으로 전력회사 등이 채택하고 있다. 비교적 대형 빌딩에 에너지를 절약하기 위하여 도입되는 경우가 많지만 200㎡ 이하의 사무실 점포 등에도 사용할 수 있는 소형 타입도 등장하고 있다. 또한 소득세·법인세의 부담 경감, 저리융자 등의 공적인 지원도 있다.

화, 일체화를 실현한다면, 도입대수 삭감을 통한 설비비 삭감도 가능할 것이다. 또한 정맥물류부문에서의 자동창고 도입이나 재생플라스틱 등을 많이 사용하여 장기사용이 가능한 보관기기의 개발도 꾸준히 진행해야 한다.

환경을 배려한 물류시스템기기의 향상된 개발은 녹색공급사슬의 설계와 구축에서 앞으로 점점 중요도가 높아질 것이 틀림없다.

7.5 ‖ 물류설비의 에너지절약 대응을 위한 조명 · 전기 시스템

물류에서 비용 인하의 추구와 환경부하의 감소라는 상충관계를 어떻게 해소해 가느냐는 앞으로의 로지스틱스전략 구축에서 중요한 과제임이 틀림없으며, 물류녹색화를 어떻게 전략적으로 추진해 가느냐가 더 큰 주목을 받는 시대에 도래하였다.

예컨대, 히타치(日立)물류의 물류아웃소싱을 도급하는 “이온 오사카 내셔널 디스트리뷰션 센터”는 당초의 견적에서는 소비전력이 99,284GJ에 이른다고 한다.

이 시설은 24시간 가동하는 일본 최대의 물류시설이다. 그러므로 전력소비도 막대하다. 그래서 비용절감을 염두로 전력 소비량 감축을 위해 에너지절약 효과가 높은 시스템을 도입하는 문제가 검토되었으며, 필요한 장소에 필요한 양만의 에너지를 공급하는 시스템의 구축이 요청되었다. 즉, 전체 점등 상태를 피하고 부분의 비용절감을 추진했다.

그 결과, 공기조절대책으로써 실내기수분무(室內機水噴霧) 시스템, 전열교환기시스템, 조명시스템으로써 고효율 조명기구, 재실탐지연동제어장치, 자동소등시스템 등을 도입하였고 기존 사용량의 절반에 달하는 에너지를 절약할 수 있게 되었다.

이온처럼 대규모가 아니더라도 공장, 창고의 천정조명을 에너지절약에 대응케 함으로써 비용절감을 실현할 수 있다.

물류시설에서는 “오래 쓰기 때문에 교체하는 수고가 필요 없다.”라는 이유로 수은 등이 사용되는 경우가 많아지고 있다. 물론 수은 등이 적합한 상황도 있으나, 소비전력이 크며 발색(發色)에 시간이 걸리며,

그림자가 잘 생기고, 피킹 등의 작업현장에 걸맞지 않은 면도 있다.

그래서 고안된 것이 "고광도 형광등"의 활용이다. 소비전력은 수은등 보다 낮고, 비용도 줄일 수 있다. 피킹작업, 검품 작업에 알맞은 조도, 눈에 자연스러운 빛이 제공되며, 발색에도 시간이 소요되지 않는다. 세심한 분석을 바탕으로 도입하면 상당한 성과를 기대할 수 있다.

7.6 ‖ IC 태그의 도입

물류부문에서의 IC 태그의 도입은 다양한 업계에서 시도되고 있으며 환경부하의 감소와 관련된 업체가 가장 활발하게 도입되고 있다.

IC 태그를 도입함으로써 물류센터에서의 입출고와 검품의 하역 작업이 효율화 되고, 인건비의 절감을 실현하고 있으며, 전체적으로 물류시설 전체 전력사용량의 절감 효과, 에너지절약 효과도 실현하고 있다.

예컨대 선진 물류센터에서는 IC 태그를 전면적으로 사용한 WMS (Warehouse Management System)의 도입을 진행하고 있는데, IC 태그는 팔레트단위, 또는 상자단위로 부착되며, IC 태그는 컨베어라인 위에 설치된 리더에 의하여 자동적으로 판독된다.

IC 태그를 활용한 입·출하 검품 시스템의 도입으로 작업시간의 대폭적인 단축과 물류의 고정밀도화에 성공한 사례가 이미 보고되고 있어, 신속한 출하와 오출하의 방지, 물류효율의 향상과 더불어 에너지 절약 효과도 기대된다.

IC 태그의 도입도 물류센터 내의 작업을 고속화함으로써 당일 출하의 접수 마감 시간을 한층 더 연장하는 것도 가능해지고 있는데 예컨대, 종래에는 오후 3시까지가 당일 출하의 마감 시간이라고 한다면 오후 5시 혹은 6시까지 연장되는 경우도 있다. 물론 당일 출하율이 향상하면 장 내, 창고 내의 재고량도 삭감되고, 트럭의 적재효율도 높아진다. 즉, 배송 효율, 적재효율의 향상은 환경부하의 감소에 연결된다.

또 IC 태그를 점포재고시스템에 포함시킴으로써 물류센터로부터 소매점으로 납입하여 점포에 진열하고 소비자에게 판매하기까지의 물건의 흐름과 정보를 연동시키는 일도 가능해진다. 위치정보시스템(GPS)과 연계시키면 트럭이나 선박에서의 이동 도중 재고의 위치정보를 파악할 수도 있다.

따라서 IC 태그를 전략적으로 도입하면 물류의 고도화, 효율화를 추진하고 환경부하의 감소와 총물류비 절감이라는 두 과제를 실현하는 가능성이 열린다고 하겠다.

제8장

물류 상관행의 개선에 따른 물류의 녹색화

물류관계의 상(商)관행을 개선함으로써 환경부하의 감소를 실현할 수 있다. 시간지정 납품, 다빈도 소량 배송, 과도한 JIT 등이 환경에 미치는 부하는 적지 않다.

8.1 ‖ 물류 상관행의 개선과 물류녹색화의 관계

반품, 피크시(時) 집중, 시간지정, 과도한 JIT, 리드타임의 필요 이상의 단축은 CO_2 배출 문제에서 생각해 볼 때, 해소되어야만 하는 문제이다. 이는 환경에 나쁠 뿐 아니라 이 같은 물류 관련의 나쁜 상관행을 해소해 나감으로써 총물류비의 대폭적인 삭감도 기대할 수 있다.

예컨대 반품이 많아지면 물류효율도 악화되며, 반품된 제품의 수송, 재고관리에서도 많은 비용이 든다. 따라서 반품 취급이 모호하게 되지 않도록 반품조건을 명확히 할 필요가 있다.

화물포장의 표준화가 보통 제품에서는 잘 실행되고 있더라도 판매촉진 제품, 샘플 제품의 경우 포장이 좋지 않아서 물류효율 전체에 악영향을 미치게 되는 일도 있다. 배달용 상자 속에 본래 회수해야 하는 제품과는 무관한 제품을 "바쁘다"라는 이유로 넣는 일도 피해야 한다.

다시 말하면, 지나친 JIT의 영향으로 다빈도 소량의 물류가 과도하게 이루어지면, 물류비의 증대를 초래한다. JIT를 도입하더라도 트럭의 적재효율에 대해서는 충분히 배려해, 트럭수송이 낮은 상태에서 트럭수송을 하지 않도록 주의를 하지 않으면 안 된다. "지금 필요하기 때문에"라는 과도의 피크시 집중이나 시간지정은 부분적으로는 최적이 될 수 있으나 전체적으로는 최적이 될 수 없다.

또 제품의 입출 선후를 정확히 지키지 않고, "날짜가 새로운 제품이 필요하기 때문에"라는 이유로 무리를 하게 되면 물류부서의 업무가 혼란스러워 진다.

제9장

녹색공급사슬의 각국 비교

녹색공급사슬의 진척 상황은 각 나라와 지역에 따라 크게 다르다. 이 장에서는 일본, 미국 및 유럽을 중심으로 각국의 녹색공급사슬의 구축과 추진 상황을 검토한다.

9.1 유럽의 녹색공급사슬의 진전

경제활동 전체에 녹색화의 그물을 치는 생태학 사회가 도래하고 물류도 환경보전을 위한 대응에 내몰리고 있다.

경제활동을 세계적으로 다루고자 할 때, 국가 차원 또는 각 지역 차원의 환경정책의 차이가 기업물류·시스템에 지대한 영향을 미치는 경우도 눈에 띈다. 예컨대 유럽에서는 EU 공통의 환경정책이 있지만, 지구의 남북 또는 동서에서 환경에 관한 인식과 기술에 커다란 차이가 있다.

〈표 9-1〉 Green SCM의 국가 간 비교

국·지역	해설
일본	운송수단전환, 공동배송·공동물류, 3R과 회수물류의 강화, 일본적 물류 상관행의 개선, CO_2 감축을 염두에 둔 로지스틱스전략을 기업계가 추진
미국	3R과 회수물류에 대해선, 재고삭감·비용인하의 관점을 중시. 미국적 물류 상관행에 대해서는 글로벌화의 관점에서 각국으로의 침투를 지향하는 흐름. 2009년 1월 이후 오바마 대통령의 방침에 따라, 금후 “녹색뉴딜정책”하에서 환경대책이 강화되고, 녹색 서플라이 사슬의 구축이 더욱 진행될 전망
EU(유럽연합)	인터모덜에 대해서는 각국 정부 차원에서 검토, 다국 간에서의 공동 프로젝트도 진전. 배기가스규제, CO_2 규제, 3R관련법의 정비 등 세계 최고수준의 진전 상황

출전 : 자료들에 의거 작성.

전 유럽 규모의 환경보전에 대한 대응은 1972년의 EC(지금의 EU) 환경정책(제1차)으로 소급할 수 있다. EC가 EU로 된 마스트리히트 조약의 발효 이후로 공통환경정책은 계속되고 있다. 공통환경정책에는 지속가능한 발전 개념이 연계되어 있다. 유럽 기업의 환경물류 전략도 이 개념을 바탕으로 구축되어 있다.

그런데 한 나라의 환경기준이 극단적으로 엄하게 되면, 그것은 결국 타국에 대해서는 비관세장벽이 설치되는 것과 같아진다. 그 전형적 사례가 독일의 배기가스규제 문제이다.

1980년대 초 독일에서 자동차공해는 큰 문제이었다. 그 때문에 독일은 유럽 내에서 배기가스규제 강화를 제창하였다. 공통환경정책 수준을 상회하는 고수준의 배기가스규제를 제안하였다. 지역 내의 다른 가맹국은 숲이 자동차공해로 피해를 입는 상태가 독일 정도는 되지 않았다. 따라서 많은 나라는 유럽 수준의 배기가스규제강화에는 소극적이었다. 독일이 고수준의 규제를 설정한 것에 반감을 품은 나라도 있었다.

독일은 유럽 표준에 불만을 느끼고 지역 내에서 환경대책이 세워지지 않는다는 점을 이유로, 독자적으로 기준을 설정했으며 국내 여론도 이를 지지하였다. 그리고 그 결과, 자동차산업에서 독일 차는 높은 환경기준을 충족해야만 했으나, 다른 유럽가맹국은 유럽 공통의 표준만 충족할 뿐이었다.

그 결과 독일 차의 환경 측면에서의 레벨업이 시장 경쟁력을 가지게 되었다. 그런데 이 때, 국내외에서 환경기준을 바꿈으로써 통합시장 안에서 이중 기준이 발생하게 되어 유럽 각국의 자동차업체들이 독일에서 판매하기 위해서는 엄한 독일의 배기가스기준을 극복하지 않으면 안 되게 되었다.

그리고 독일 자동차산업은 배기가스규제에 대하여 높은 적응력이 있으므로 규제가 아무리 강하더라도 비교적 유연하게 대응할 수 있었다.

독일에 비하여 상대적으로 낮은 규제를 가진 프랑스와 이탈리아의 자동차산업의 경우 환경공생의 기운이 높아지면 높아질수록 자국의 자동차산업에 더 큰 부담을 주게 되었다.

그러므로 EU 가맹국이라도 환경공생의 생각이 진전된 덴마크나 네덜란드 등 독일에 추종하는 나라와 그 이외의 가맹국 사이에, 통합시장이면서도 환경장벽(green barrier)이라는 별종의 비관세장벽이 출현하였다. EU의 확대보다 환경장벽의 문제는 더욱 크게 부상되고 있다.

9.2 ‖ 유럽의 Green SCM의 구축 사례

9.2.1 재활용 · 수리물류의 구축

독일의 전자기기 대형회사인 지멘스 그룹은 컴퓨터부문 지멘스컴퓨터 시스템을 후지츠(富士通)의 유럽 현지법인과 통합하여 재활용 · 수리 물류시스템의 재구축에 나서고 있다. 이 회사의 독자적인 노하우로써 "보수·회수·재사용시스템연쇄관리"를 실천하고 있다. 폐품으로서 회수된 중고 PC, 혹은 그 부품에 대한 정보, 주문 수 등을 데이터화 하여 시스템을 구축하고 있다.

그 결과, 재활용 부품을 손실없이, 일류적으로 재사용하는 확실한 시스템이 갖춰지게 되었다.

9.2.2 도요타자동차의 유럽공장

도요타자동차의 유럽의 최신예 공장인 프랑스 공장은 1998년에 도요타의 100% 출자로 설립되어, 2001년 1월에 생산을 개시하였다. 프랑스 공장이 있는 노르 주 바랑시에는 한 때 탄광과 섬유로 번영한 지역이었다.

도요타의 이 공장에는 "녹색 · 클린 · 린 · 팩터리"를 개념으로 아래의 방침을 채택하고 있다.

① 공장규모를 컴팩트하게 해서 에너지사용의 최소화

② 매립폐기물의 제로(zero) 활동

③ 종업원에 대한 환경교육의 철저

④ ELV 지침에 따른 자동차 재활용에의 대응

⑤ 유럽 대리점 환경회의를 개최하여 유통업자, 판매업자와의 정보·의견 교환, 검토

⑥ 딜러 환경지침을 배포하여 딜러의 서비스 공장에서 발생하는 폐기물의 적정처리, 관리, 회수시스템의 지침을 작성

도요타에서는 글로벌한 관점에서 전 세계 186개의 생산거점을 종합적으로 관리하며, 환경전략을 구축하고 있다.

도요타가 계획하고 있는 에너지절약의 주요 내용은 아래의 세 가지이다.

① 생산손실에 수반되는 에너지 절감

▸ 가동률 향상, 모든 제품에 대한 불량품이 아닌 제품의 비율 향상(yield rate)[62], 불량품 감소, 가동준비 간소화, 생산리드타임 단축

② 에너지의 최소화

▸ 생산설비에의 에너지절약 기술의 도입, 에너지보급 효율의 향상

③ 에너지의 생산량 연동화

▸ 생산량에 맞춘 설비의 운전(저부하 설비의 집약화, 일원화, 비가동 시의 설비 정지)

프랑스 공장에서는 라인 형상을 연구하여 공장 에너지를 30% 감소

62) 일반적으로 생산된 모든 제품을 출하할 수 있는 것은 아니다. 일정한 비율로 불량품이 포함된다. 불량품을 제거하여 출하할 수 있는 제품의 비율을 말한다. 불량품의 비율이 높으면 이것의 비율은 감소, 불량품이 적어면 이것의 비율은 상승한다. 이것의 비율이 낮으면 원료비용과 제조비용의 낭비가 커지기 때문에 기업의 수익을 압박하는 요인이 된다.

하는데 성공하고 있다. 또 공정에서 공정으로의 연결이라든가 구입처로부터 부품 반입 동선을 개선해, 작업 효율이 오르는 설계가 고안되고 있다. 더욱이 공장 면적과 라인의 길이를 종래에 비하여 30% 감소하는 노력으로, 광열·반송 에너지의 약 30% 절감에 성공하고 있다.

또 압축공기로 작동시키는 에어실린더 식이 아니고, 최적 에너지에 조정 가능한 전동 서보(Servo) 용접기가 도입되거나, 단일 부품 프레스에 비해서 생산성이 높은 이종(異種) 부품 동시 프레스의 대폭적인 확대 사용이 이루어진다든지, 도장(塗裝) 라인의 컴팩트화가 이루어져 에너지의 효과적인 감소책이 채택되고 있다.

9.3 스왑보디 수송시스템

유럽에서는 복합일관수송 전략의 일환으로서 스왑보디 수송시스템으로 전환이 진행되고 있다. 스왑보디란 트럭의 하대부분을 탈착식으로 하여 하대부분을 화차에 적재하거나, 지상에 내리는 경우에 사용하는 기기로서, 철도수송용 컨테이너로서도 수송이 가능하게 되는 것을 말한다. 수송용 컨테이너는 이때까지 트럭수송용과 철도수송용으로는 서로 다른 점이 많았다. 그런데 그렇게 되면 트럭에서 철도로의 화물 환적에 시간과 노력이 소요된다. 스왑보디 수송시스템에서는 이 점을 개량하고, 트럭에서 철도로의 화물 흐름을 원활하게 한다.

일본의 경우, 철도수송용의 컨테이너는 철도 측에 편리한 규격·사양이 되어 있는 게 많다. 트럭운송업자 측은 철도수송을 하기 위한 컨테이너수송 전용차와 철도수송 전용의 사유(私有) 컨테이너가 필요하다. 단지 최근에는 일본에서도 환경면에서의 관점을 중시한 선구적 물류시스템으로서 복합일관수송 대응 차량으로서 스왑보디 도입의 모델사업이 최근에 겨우 인정받기 시작하였다.

유럽에서는 이미 스왑보디가 꽤 오래전부터 표준화되어 있다. 특히 독일과 네덜란드에서 보급은 대단하다. 독일에서는 복합수송을 활용하면 이용하는 차량세의 감세조치, 차량 총중량 규정의 완화 등, 물류기업에 대해 많은 우대책이 시행되고 있다. 나아가 신규진입규정을 효과적으로 마련함으로써 물류기업의 스왑보디 수송에 대한 동기유발을 높이고 있다. 디젤에 대한 합리적인 고려뿐 아니라 환경전략수송이라는 관점에서 일본·유럽의 스왑보디 수송에 관한 인식에서도 아직 상당한 격차가 있다.

9.4 ‖ 바이오디젤의 추진

곡물 가격이 크게 오르는 문제와도 밀접한 관계가 있으므로 근년에는 찬반 양론이 있지만, 미국에서는 바이오디젤의 연구개발도 진행되고 있으며 유럽에서도 이미 트럭의 연료로서 광범위하게 활용되고 있다. 또한 버스, 택시와 정맥물류 관련의 수송차 등에도 도입되고 있다.

바이오 디젤은 그 특산품이기도 한 채종유(菜種油)나 해바라기의 식물유를 원료로 해 제조된다. 에너지가 유기화합물이 됨으로써 경유에 비하여 발암성 물질이나 산성비의 원인이 되는 NOx의 배출량을 억제할 수 있다. 그런데도 종래의 디젤차의 엔진, 부품을 그대로 이용할 수 있다. 필요한 건 바이오디젤의 공급 시스템으로 인프라의 충실한 정비만으로 도입이 가능하다. 게다가 전기, 천연가스 등으로 전환할 때처럼 경비는 많이 들지 않는다.

미국 에너지부의 자료에 따르면 재생가능에너지는 미국의 에너지 소비의 약 10%를 차지할 정도이다. 이 중 절반 가까운 것이 바이오 에너지이며, 바이오디젤을 이용한 발열 시스템이 실용화되고 있다. 미국에서는 클린턴 대통령 시절부터 바이오연료를 차세대 연료의 중핵으로 자리매김해, 다각도의 연구 프로젝트를 추진해 왔다. 2000년 회계연도에는 정부 전체로 약 2억 4,000만 달러의 연구투자도 하였다. 기존의 디젤차의 인프라를 활용하고, 바이오디젤을 도입하는 것만으로도 대기정화의 효과는 헤아릴 수 없다고 한다. 단지, 바이오디젤에 대하여는 가축 사료의 가격 인상 등의 문제라든가, "본래 식품으로서 쓰이는 것을 동력 에너지로서 쓰는 게 맞는가"라는 부정적 의견도 있다. 환경부하가 한층 더 작은 에너지시스템이 확립되기까지의 과도기에는 필요하지만, 수소에너지 등이 보급되면 교체될 것이란 견해가 강하다.

미국 에너지부에서는 에탄올 엔진의 개발에도 힘을 쏟고 있다. 에탄올은 사탕수수, 옥수수, 감자 등의 곡류나 파지 등 식물섬유에서 제조된다. 종래의 디젤엔진의 발화장치는 손볼 필요는 있으나, 경유에 에탄올을 혼합함으로써 배기가스를 줄일 수 있다.

유럽 전체의 디젤 보급률은 50% 정도이다. 서민의 발이 되는 소형차에도 유럽 자동차업체는 연달아 "스몰디젤"을 투입하였다. CO_2 배출량이 많은 휘발유 차의 자취는 점점 줄어들 뿐이다.

한편 미국에서는 연방 에너지 정책법에 따라 대체연료로 주행하는 정부 소유차의 비율 확대가 의무화되었다. 이것이 바이오디젤 보급의 추진력이 되기도 하였다.

9.6 중국의 녹색물류 동향

중국의 대기오염환경은 점차 해소되어 가고 있으나, 여전히 오염수준이 높다. 이산화유황 배출량은 2,160만 톤(2003년)으로 세계 최고수준이며 규모는 일본의 20배 이상이고, 특히, 도시에서의 배기가스 문제는 심각하다. 중국의 환경문제를 열거하면 다음과 같다.

① 산성비 · 월경오염 : 큐슈, 니카타 등에도 영향을 미치고 있다.

② CO_2 배출량 : 미국에 이어 세계 제2위의 규모이다.

③ 수질오염 : 중국 7대 수계(水系)의 70%가 심각한 오염에 처해 있다는 보고가 있다. 더욱이 물 부족은 400개 이상의 도시에서 심각하게 일어나고 있다.

④ 폐기물 : 생활쓰레기가 증가하였다.

⑤ 경작지 : 토양열화(劣化)가 진행되어 경작지가 감소하는 경향이 있다. 또 사막화도 진행, 국토의 약 20%가 사막, 1990년대 이후 3,500㎡/년으로 확대되고 있다.

⑥ 모래폭풍 · 황사의 월경오염 : 일본에도 영향을 주고 있다.

중국에서는 자동차 보유대수가 증가하는 경향이지만, 현재로서는 아직 적은데도 대기오염의 원인이 되고 있다. 그 이유는 아래와 같다.

① 특정 도로에 자동차가 집중하고 정체가 심하다.

② 도로체계의 구축, 교통관리가 충분하지 않다.

③ 구식 차량이 많다. 배기규제의 관리체제가 불충분하다.

또한 중국에선 대기오염을 억제하기 위하여 “대기오염방지법”이 제정되어 있다. 대기오염의 배출규제를 염두에 두고, 총량 관리와 지정지역제, 대기오염 방지개선 중점도시의 제정, 자동차배기가스대책 등이 포함되어 있다. 이 법에는 배출기준에 적합하지 않는 자동차의 제조, 판매, 수입, 주행이 금지돼 있다. 연료개선 방안에 대하여 양질 연료의 생산과 사용이 장려되고 있다.

또 "중국 폐기전기전자제품 회수처리 관리조례"가 공포되고 가전재활용에 관한 법률이 정비되었다. 지금까지의 중국의 폐가전 처리는 소각과 매립이 중심이었으나, 앞으로는 재활용, 재사용을 염두에 둔 중간 처리 시설, 재활용 시설도 충실하게 갖출 필요가 있을 것이다.

"청정생산촉진법"은 2003년 1월에 시행되었다. 청정생산은 "설계의 개선, 청정에너지 및 원료 사용, 선진 공업기술, 설비 등의 도입, 관리를 통해서 오염물질의 발생, 배출을 억제·회피한다"라는 것이다. 청정생산을 촉진함으로써 친환경 생산체제가 구축되는 것이다.

청정생산과 관련하여 기업관련 규제조치는 아래와 같다.

① 무해한 원료사용
② 자원 이용률이 높고, 오염물질이 적은 공업기술·설비를 활용
③ 생산과정에서 발생하는 폐기물, 배수 및 여열(余熱)의 종합적 이용 또는 순환이용을 촉진
④ 국가 또는 지방의 규제오염물질 배출기준 및 오염물질의 총 배출량 지표를 달성할 수 있는 오염방지 개선기술 채택
⑤ 제품수명주기 평가의 관점에서 사람의 건강과 환경에 부담을 주지 않는 제품 및 포장의 설계

중국의 환경관련법 정비는 이제 크게 진전되고 있다. 그러나 국민, 기업의 사고는 현 상황에서는 결코 높다고 말할 수 없다. 이 점을 고려해 앞으로는 환경 교육을 한층 더 충실히 실시하는 것이 필요하다.

9.7 ‖ 동남아시아의 물류녹색화 상황: 태국

9.7.1 태국의 환경

동남아시아의 물류녹색화 사례로서 태국을 생각해 본다. 태국의 환경오염 상황은 대략 아래와 같다.

① 대기오염

방콕 수도권 지역을 중심으로 하는 도시에서는 자동차배기가스에 의한 대기오염이 심각하다. CO_2 배출 이상으로 NOx와 PM의 배출 문제가 심하다.

② 폐기물오염

유해 폐기물이 공업 발전과 더불어 발생량은 매년 전년에 비해 10% 가까운 증가를 보여준다.

③ 자연파괴 등

각종 개발로 인한 심각한 삼림 감소와 맹그로브 숲(Mangrove Forest)[64]의 파괴, 토양침식 등이 심각한 사회문제가 되고 있다.

---

64) 맹그로브 숲(Mangrove Forest)은 열대-아열대 지역의 하구 수역의 습지에 분포하는 숲이다. 홍수림이라고도 한다. 세계에서는 동남아시아, 인도 연안, 남태평양, 호주, 아프리카, 미국 등에 분포하고, 일본에서는 오키나와와 카고시마현에 자연 분포하고 있으며, 혼슈에는 인공적으로 이식된 곳이 있다.

④ 소음 · 악취 문제

일반 공장의 소음과 악취에 대해, 일본의 소음규제법에 해당하는 규제기준이 설정되어 있지 않다. 그 때문에 소음이나 악취가 방치되는 등 피해가 심각하다.

9.7.2 녹색물류의 사례

(1) 동남아시아에 있어서 팔레트 실증실험

일본 팔레트렌털주식회사(JPR)는 태국 · 라오스 · 베트남에서 첫 RFID 팔레트 실증을 실시하였다. "국제물류경쟁력 파트너십회의"의 계획에 따라 실시된 것으로 태국으로부터 라오스, 베트남으로의 육상수송 실증 프로젝트이다.[65] 이 실증실험을 통해 물류 용기의 렌털방식 반복 이용에 의한 하역작업의 효율화, 물류품질의 향상, 환경부하의 감소 등이 큰 효과로 나타날 것으로 기대된다. 실증실험에서는 IC 태그가 화물을 운반하는 팔레트에 부착되어 대차식(台車式)의 리더로 판독되었다. 공장에 입 · 출하 시 그리고 수송 도중에 판독이 이루어지고, 판독된 자료는 휴대전화를 통하여 일본팔레트렌털의 팔레트 추적 시스템 "epal"에 송신됨으로써 화물의 수송경로가 실시간으로 파악되었다.

65) 현지의 실증실험은 2007년 11월~2008년 1월에 실시되었다. 일본팔레트렌털에서는 아시아팔레트풀(APP) 서비스와 웹 물류 기기 관리 시스템 "epal"을 일본, 한국, 타이완, 중국, 싱가포르, 태국 및 베트남 등 아시아의 여러 나라에 제공하고 있다.

(2) 유럽 물류기업에 의한 리페어 물류의 구축

유럽의 대형 물류기업인 A사는 일본의 자동차업체 B사의 태국 내 스페어 파트의 효율적 물류시스템을 구축하였다. 즉, "생산라인에의 부재 (部材) 공급 ⇒ 완전 현지 조립 ⇒ 완성차 수송 ⇒ 스페어 파트/리페어 파트의 물류" 라는 B사의 생산물류의 일련의 흐름에서 보수부품 · 스페어 파트의 물류가 외자계 물류기업에 아웃소싱된 것을 의미한다.

외자계 물류기업은 일본 자동차업체의 계획에 맞추어 필요한 타이밍으로 보수부품의 보관장소 · 시간, 부품 수, 수송방법, 현지 수송업자를 선택하고 비용과 리드타임을 명확히 했다. 보수부품의 재고수준은 일본 자동차업체와 외자계 물류기업이 협의하여 결정하고, 과잉재고, 필요재고품목의 정의도 내리고 있다.

A사는 같은 스페어 파트 · 리페어 파트의 물류를 유럽이나 아시아의 타 지역에서도 아웃소싱을 요청받아, 물류시스템을 구축하고 있는데, 유럽·미국 기타 지역의 물류비즈니스모델을 동남아시아에서 실현시킨 것이다.

제10장

CO_2 배출량거래의 동향

CO_2 배출량(권)거래에 관해서는 제3장에서도 간단히 다루었으나, 큰 틀을 보다 명확히 파악할 필요가 있으므로 이 장에서 녹색물류와의 관계를 상세히 살펴보고자 한다.

10.1 CO_2 배출량거래의 개념

CO_2 배출량거래 또는 배출권[66]이란 "이산화탄소(CO_2)등 지구온난화의 원인이 되는 가스를 배출하는 권리로, 이것을 국가 또는 기업 간에 매매로 거래하는 것"이다.[67]

지구온난화란 대기에서 CO_2 등의 방출량이 증가하기 때문에 지구 전체의 평균 기온이 상승하는 현상을 말한다. CO_2는 주로 석유 등 화석연료의 연소에 의하여 배출된다. 인류가 지금과 같은 정도로 화석연료를 소비하고 경제활동을 해 나간다면, 100년 후 지구의 평균 기온은 5℃ 정도 상승할 것이라는 보고도 나와 있다. 온난화가 진행되면 자연생태계에 큰 영향을 미치게 된다. 즉, 지구온난화는 해수면의 상승, 수많은 생물의 멸종, 나아가 수해, 이상 기상 등의 발생 주요인이 될 가능성이 높다.

그래서 1997년 교토의정서에서 "선진국 전체의 온난화 가스 배출량을 1990년 배출량의 5% 정도 감축한다"라고 목표가 정해졌다. 그 후에 나온 것이 "CO_2 배출량(권) 거래"라는 개념이다. 감축 목표를 달성 못하는 나라가 감축 목표량을 위하여 배출 한도가 남아 있는 나라에서 미달분은 매입하는 시스템이다.

또한 일반적으로 화석연료의 채석, 수입, 정제 등에서 이루어지는 거래량의 실행을 "상류형(上流形) 거래", 화석연료의 최종 소비에서의 거래를 "하류형(下流形) 거래"라고 부른다.

66) 최근 일본에서는 배출량거래라고 부르는 일이 많다.
67) Dales, J. H. (1968) *Pollution, Property and Prices*, University of Toronto Press 등에서 제창되어 1970년대 이후에 정식화되었다.

10.2 ‖ 배출량거래의 방법

교토메커니즘에 바탕을 둔 배출량거래제도의 방식은 크게 두 가지로 나눌 수 있다. “캡 앤드 트레이드(cap and trade) 방식”과 “베이스라인 앤드 크레디트(baseline and credit) 방식”이다(〈그림 10-2〉 참조).

캡 앤드 트레이드 방식이란 CO_2의 총배출량을 먼저 설정하고, 거래 참가국과 기업에 배출 한도를 배분하는 방식이다. 그리고 그 배출 한도의 일부 이전을 인정함으로써 거래를 성립하게 하는 것이다. “경쟁입찰형식”에 따라 배출량거래가 이루어지게 된다.

베이스라인 앤드 크레디트 방식에서는, 감축계획을 실시하기 이전의 배출량을 먼저 베이스라인(기준량)으로 한다. 그리고 감축 프로젝트를 실시함으로써 어느 정도의 배출량이 감축되는지를 인정하고, 그 감축량을 매매하는 방식이다.

10.3 배출량거래시장의 창설

2005년 쿄토의정서 발효에 의하여 쿄토 크레디트의 거래가 본격화되었다.

세계은행의 보고서에 따르면, 2007년의 거래량은 약 30톤(CO_2 환산), 거래액은 2006년의 약 두 배인 640억 달러가 되었다.[68]

배출량거래를 선진적으로 받아들인 곳은 덴마크였다. 2001년부터 전력회사를 대상으로 하는 배출량거래가 시작됐다. 또 영국에서는 2002년에 배출량거래를 신청한 기업, 그룹에 대한 경쟁입찰형식의 배출량거래제도가 도입되었다.

영국의 배출량거래제도는 기업이 그 때까지의 실적으로부터 산출한 자사의 CO_2 배출량을 기초로 하여, 정부로부터 장려금을 받는 제도였다. 따라서 경매에서 거래되는 것은 그 장려금의 금액과 감축량이었다. 또 "온난화 대책의 목표를 세워서 정부와 협정을 맺음으로써 감세혜택을 받을 수 있다"는 제도도 마련되었다.

더욱이 영국, 덴마크 두 시장을 활용하고, 영국 석유회사 쉘과 덴마크 전력회사 엘삼이 서로의 배출량을 교환하는 거래도 성립하였다.

그리고 유럽 전역을 대상으로 하는 유럽연합(EU)에 EU 역내배출량거래제도(EU-ETS)가 2005년 1월에 탄생하였다. 세계 최대규모의 배출량 거래시장의 탄생이었다.

EU의 배출량 시장에서는 캡 앤드 트레이드 방식이 채택되고 있다.

---

68) 2008년도 〈환경백서〉.

〈표 10-1〉 EU역내 배출량거래제도 (EU-ETS)의 개요

	제1단계 (2005-2007)	제2단계 (2008-2012)
대상 시설	에너지 산업, 철강, 시멘트, 유리, 제도(製陶), 종이펄프업의 일정 규모 이상의 시설	각 나라의 판단에 따라 시설의 범위를 확대 가능
대상 가스	CO_2	각 나라의 판단에 따라 온실가스의 범위를 확대 가능
거래 방법	캡 앤드 트레이드 방식	
각국의 할당량	2005년 배출량 이하 : 4개 국 2005년 배출량 이상 : 23개 국 (전체로 2005년 대비 +8.3%)	2005년 배출량 이하 : 16개 국 2005년 배출량 이상 : 11개 국 (전체로 2005년 대비 ▲5.7%)
준수위반 시 과징금	€40/t-CO_2	€100/t-CO_2
쿄토메커니즘과의 연동	2005년부터 CER과의 제휴 개시	2008년부터 ERU와의 제휴 개시
CDM/JI 활용량	제한 없음(단, 실적 제로)	최대 20% 등의 상한 있음

대상이 되는 각 시설의 배출량은 그 허가증의 배출량을 상회해서는 안 된다. 배출량이 상회하는 경우에는 시장으로부터 허가증을 구입하지 않으면 안 된다. 또 반대로 배출량이 하회하게 되면, 남은 허가증의 배출량을 시장에서 팔 수 있다. 또한 EU 시장은 일본과 북아메리카 등 유럽 역외의 배출량거래시장과의 연동도 검토하고 있다. 물론 허가증을 구입하지 않고 배출량이 상회한 경우에는 무거운 벌금이 과해진다.

한편, 미국은 2001년 부시 대통령이 쿄토의정서로부터의 이탈을 표명하였다. 그러나 공익전력발전사업자로부터 배출되는 CO_2 등을 2018년까지 약 70% 삭감하는 "클리어 스카이법(Clear Skies Act 2003)"을 도입하려 하였다. 그러한 흐름 속에서 미국에서도 배출량거래의 "자주시장"이 탄생되었는데, 포드, 듀퐁 등 에너지 관련 대형민간기업이 참

가하여 창설한 "시카고 기후거래소"(CCX)가 바로 그것이다. CCX에서는 참가 기업의 배출량을 1999년에 비해 5% 감축하는 것을 목표로 하고 있으며, 지자체나 NGO의 참가도 가능하게 돼 있다. 그리고 2003년 9월에는 CCX의 제1회 경매가 실시되어, 15만 톤의 CO_2 거래 허가증 매매가 성립되었다.

CCX는 캐나다, 브라질 등 남북아메리카 전역을 대상으로 하는 통일시장 구축의 가능성도 모색하고 있다. 바꿔 말하면, 미국은 호주와 협력, 배출량의 공동거래시장을 창설하기로 2002년에 발표하였다.

또한 미국 북동부 주에서는 2003년 4월에 지역온실가스구상(Regional Gas Initiative: RGGI)이라고 하는 배출량거래제도를 구축하는 제안이 나왔다.

일본에서도 CO_2 배출량거래시장의 본격적 도입이 검토되고 있다. 환경부는 2005년도부터 "자주참가형 배출권 거래제도"를 실시하고, 장래의 본격 도입을 향한 경험, 노하우를 축적하고 있다. 또 2008년 1월에 "국내 배출량거래제도 검토회"를 설치하고, 구체적 제도설계의 바람직한 모습의 검토를 개시하였다. 또 경제산업부에서도 "지구온난화 대응을 위한 경제적 수법연구회"가 설치되어 폭넓은 검토가 진행되고 있다.

10.4 ‖ EU 시장의 거래개요

EU시장은 EU의 배출량거래 지침에 의하여 개시되었는데,[69] 대규모의 산업시설이 주로 대상이 되고 있다. EU 역내의 약 30%의 배출량이 거래되고 있다.

거래단위는 "얼라우언스(Allowance)"로, 1CO_2톤이 1 얼라우언스가 된다. 대상이 되는 CO_2 배출시설은 연간배출량을 얼라우언스 단위로 유럽 당국에 제출하여 배출 허가를 받는다. 대상시설의 CO_2 배출량은 유럽위원회의 지침에 따라 모니터링과 보고가 이루어진다. 더욱이 보유하는 얼라우언스를 초과하여 CO_2를 배출한 경우에는, 페널티가 부과된다.[70] 얼라우언스는 유럽위원회가 지침을 작성해, 2005~2007년까지의 초기 배분이 정해졌다. 각 가맹국의 배출량 몫에 의거하여 대상이 되는 시설의 배분을 결정하는 톱다운 방식 혹은 각 시설로부터 예상 배출량을 쌓아 올라가는 보텀업(bottom-up) 방식 중에서 각 나라의 사정을 고려하여 결정하였다.

배출량거래의 도입에 의하여 각국이 자국 내에서만 감축 목표를 달성하는 경우에 비용의 20%를 절감할 수 있다.

69) EU ETS(European Union Trading System)라고 한다.
70) 2008년 이후, 1톤의 CO_2에 대해 100유로.

10.5 CDM의 도입

쿄토메커니즘에서는 배출량거래와 더불어 JI, CDM이 목표 달성을 위한 유연성 조치로서 도입되고 있다. 이중 배출량거래와의 관계에서 청정개발메커니즘(CDM)도 주목받고 있다. CDM이란 선진국이 발전도상국에 기술, 자금 등을 제공해, 배출 감축 프로젝트를 실시하는 것을 말한다. 프로젝트로 감축이 기대되는 CO_2 배출량은 그대로 제공국의 배출권이 된다. CDM은 베이스라인 앤드 크레디트 방식으로 행하여지는데, 프로젝트사업자가 지정운영기관에 프로젝트설계서를 제출하고, 심사와 승인을 받는다. 이미 수많은 프로젝트가 CDM으로서 승인되고 있다.

CDM 프로젝트의 종류에는 에너지 산업, 에너지 수송, 제조업, 건설업, 수송업, 폐기물처리 등의 배출감축프로젝트와 식림, 농업의 흡수원 프로젝트가 있다.

도상국과 선진국이 협력하는 온실가스감축 사업이 CDM이라면 선진국 끼리 협력해 온실가스를 감축하는 JI도 있다. 이 경우도 한 쪽이 호스트국이 되고, 다른 한 쪽이 투자국이 된다.

또 GIS(Green Investment Scheme)는 배출국의 핫에어(크레디트의 잉여)를 가진 나라로부터 감축의 여력이 적은 나라가 매입하는 제도이다. 단지 핫에어를 매각한 이익은 환경대책에 사용하게 되어 있다.

또한 일본에서는 경제산업부가 "국내판 CDM"이라고도 불리는 "중소기업 등 CO_2 배출량 감축제도"의 도입을 검토하고 있다. 이것은 중소기업의 CO_2 배출량 감축을 대기업이 지원하고, 감축된 배출량 분의 크레디트를 매입하는 것이다.

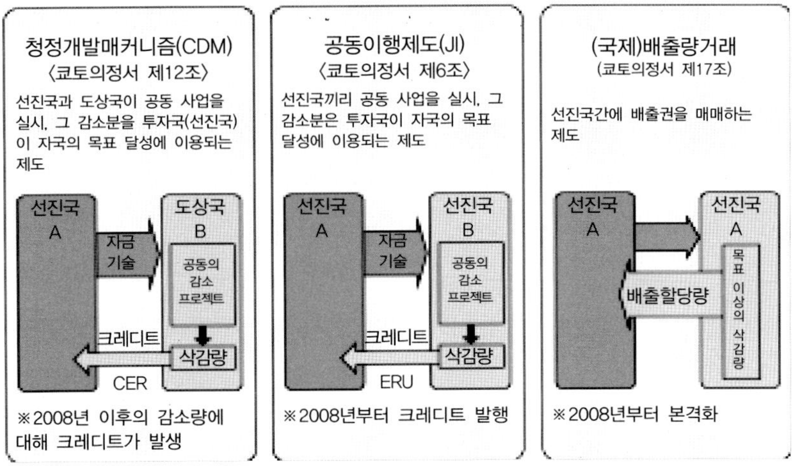

출처 : 일본 환경부

[그림 10-1] 쿄토메커니즘의 개요

〈표 10-2〉 CDM 프로젝트의 종류

재생가능 에너지	풍력, 수력, 바이오매스, 가스, 태양광 발전 등. 천연 가스 발전 등으로 변경함으로써 100만 톤 규모의 CO_2 삭감이 가능. CO_2를 삼림이나 지하에 저장하는 "카본스토크"도 선택지이다.
소규모 수력발전	최대 출력 용량 15MW 이하의 친환경 수력발전 시설의 개발 · 도입을 한다. 하천으로부터의 "유입식 발전소"71)를 건설한다.
풍력발전	발전 비용이 낮으므로 사업화가 쉽고 에너지절약 효과도 크다.
LFG · 메탄가스 회수	메탄가스 회수로서는 양돈장의 돼지 배설물에 메탄가스가 많으며, 시설 내의 배설물의 효과적 회수로 삭감 가능하다. 또 LFG란 매립지의 쓰레기가 혐기성 발효를 일으켜 발생하는 메탄가스를 말한다.
공장 에너지 절감 · 폐열 회수	공장 조명의 에너지 절감 전구화, 발전 터빈의 효율화, 보일러의 효율화, 온수의 회수, 코크스 건식 소화설비의 도입 등으로 연간 2 ~ 3만 톤 규모의 삭감이 가능하다.
바이오매스	식물의 연소에 의한 발전과 열 이용을 한다.
식림	효과는 있다고 보이지만, 기준선의 설정 등이 어려워 프로젝트 수는 적다.

출처 : 자료에 의거 작성.

71) 유입식(자류식)발전소(run-off-river plant)는 강물을 그대로 철관으로 끌어들이는 수력 발전소를 말한다. 물이 고이지 않기 때문에 물이 적을 때에는 발전력이 감소한다. 과거의 수력발전소는 대부분이 이 형식이다.

〈표 10-2〉 CDM의 개요

실시 방법	선진국이 개발도상국에 기술, 자금 등을 제공하고 배출 삭감 프로젝트를 실시
배출량(권)의 소유국	기술, 자금 등의 제공국
거래 방법	베이스라인 앤드 크레디트방식
심사 · 승인 방법	프로젝트 사업자가 지정운영 기관에 프로젝트 설계서를 제출해 심사 승인을 받는다.
CDM의 프로젝트 종류	① 배출 삭제 프로젝트 : 에너지 산업, 에너지 수송, 제조업, 건설업, 운수업, 폐기물 처리 등(배출 삭제 프로젝트). ② 흡수원 프로젝트 : 식림, 농업 등

출처 : 자료에 의거 작성.

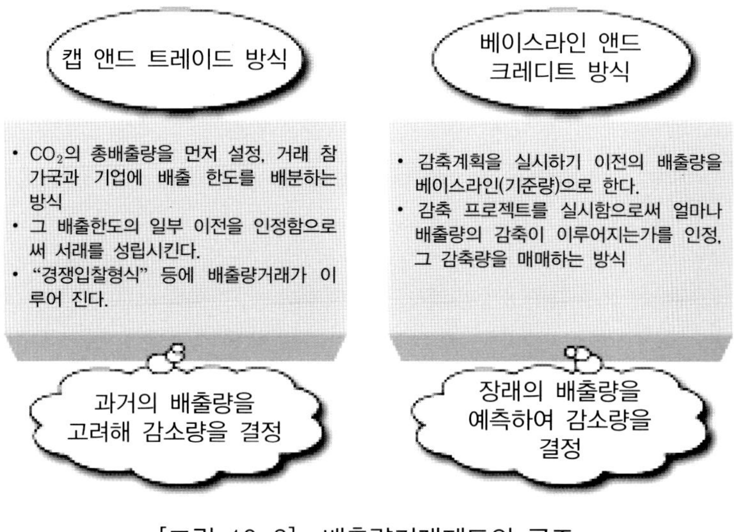

[그림 10-2] 배출량거래제도의 구조

10.6 환경세

배출량거래는 주로 대규모 시설이 대상이 되고, 운수부문에서의 배출량거래는 현재로서는 도입되지 않고 있다.

또 에너지절약화의 분야 등에서는 감축한 에너지 자체에 이미 경제적 이점이 있지만, CDM 등의 프로젝트에 포함시키는 것도 쉽지 않다. "CDM 프로젝트 등을 실시하지 않으면 해당 사업은 이루어지지 못했을 것이다"라는 "추가성 증명"이 어렵다는 문제가 있기 때문이다. 예컨대 "해외 프로젝트로서 일본기업이 뛰어난 공동물류의 노하우를 제공한다"라 할 때, CDM이 되지 않을 가능성이 높다.

그래서 운수부문의 CO_2 배출량 감축에 효과를 발휘할 수 있는 것이 환경세의 도입이다. 예컨대 영국은 기후변화세, 독일과 북유럽은 환경세를 도입하고, 배출량거래제도와 환경세에 의한 폴리시 믹스(policy mix)를 시행하고 있다. 대규모시설에는 배출량거래제도, 그 밖의 부문에서는 세금의 도입으로 대응한다는 형태가 취해지고 있는 셈이다. 또 배출량거래제도의 대상이 되는 부문에는 세율이 경감되는 조치가 취해지고 있다.[72]

72) 영국에서는 기후변화세의 도입과 더불어 협정을 맺은 기업의 세율을 80% 할인하고, 협정 체결 기업끼리의 배출량거래를 용인하고 있다. CASBEE의 홈페이지 (Http://www.ibec.or.jp/CASBEE) 참조.

10.7 ‖ CASBEE

CASBEE(Comprehensive Assessment System for Building Environmental Efficiency : 건물 종합환경 성능평가 시스템)는 건축물의 환경성능을 평가하여 등급을 매기는 일본의 제도이다.[73] 유럽·미국의 선행평가시스템을 참고로 개발되었다. 2001년에 국토교통부의 주도로 (재)건축환경 · 에너지절약기구에 위원회가 설치되고, 평가체제가 만들어졌다.

그리고 최근에는 공장, 물류시설 등도 평가를 받는 사례가 생겨났다. 대형시설의 배출량거래와의 관련성 때문에 물류부동산의 건설에 대한 관심이 높아지고 있다. CASBEE에서는 부동산의 거래자원소비, 환경부하, 실내환경, 대지외 환경, 주변환경과의 조화, 경관, 건축설비로부터 나오는 배열(排熱) 등이 평가된다.

물류시설에 쾌적한 환경이 마련되면 피킹, 분류 등의 하역작업의 효율이 향상되게 된다. 쾌적하고도 건전한 작업효율을 실현하면서 '친환경' 물류시설의 건설, 운영이 추구되고 있는 시대에 걸맞는 제도라고 할 수 있다.

지구환경문제를 해결하기 위한 한 방안으로서 "부동산의 녹색화"가 커다란 주목을 모으고 있다. 또 "지속가능한(sustainable) 건축"이라는 말을 듣는 경우도 많다. 친환경 지속가능한 건축물을 세상이 필요로 하고 있는 것이다. 바꾸어 말하면 교토의정서 이후, 지속가능한 건축의 개념은 국제적인 연대의 움직임을 보이며, "지속가능한 건축 세

73) CASBEE는 (재)건축환경·에너지절약기구(IBEC)가 인증하는 건축물 종합환경 성능평가 시스템인데, 건축물의 환경성능을 종합적으로 평가하여 등급을 매기는 수법이다.

계획의"도 개최되고 있다. 또 국토교통부도 국토교통행정의 녹색화를 위한 "국토교통부 환경행동계획" 속에 에너지절약, 개선에 관한 시장의 정비 및 지원을 충실히 하고자 하는 방향성을 밝혔다.

CASBEE는 그러한 관점에서 도입된 것이지만, 부동산의 녹색화 뿐 아니라, 공장, 물류센터 등의 사업용 부동산에도 적합하기 때문에 물류녹색화의 주요한 토대가 되리라 기대되고 있다. 건축물에 관한 에너지절약 시책으로서 고효율 조명, 효율적 공기조절·환기설비·시스템의 채택, 외벽의 단열 효과의 향상, 엘리베이터의 에너지절약화, 급탕설비의 효율화가 제시되고 있지만, 모두가 장래의 최첨단 물류시설에서 빼놓을 수 없는 중요한 대상이다.

아시아 최대 물류시설 프로바이더인 GLP(Global Logistics Properties)의 일본 법인이 운영하는 자연환경 보전형 물류시설 "GLPⅡ"는 "오사카시 건축물종합환경 평가제도(CASBEE, 오사카)[74)]"에서 "BEE(건축물의 환경성능효율 : Building Environment Efficiency)" 평가의 "A 등급(매우 양호)"을 취득하였다. 이것은 일본 최초의 취득 사례이다. 또 BEE 평가는 CASBEE 오사카의 평가시스템에 따라 시행된 것이다. 단열성과 내구성을 높이는 "금속성 단열패널", 조명 이용을 감소하는 "감지센서" 등이 도입되고 있다.

또 GLP는 해외에서도 물류시설의 환경평가 등급을 취득하고 있다. 2008년 5월에는 세계 최대규모의 식품회사인 크라프트 푸즈사가 임대하는 시카고 근교의 물류시설(약 7만 4000㎡)에 대하여 LEED의 골드인증을 취득하고 있다.

---

74) http://www.city.osaka.jp/jutaku/sido/casbee10.html CASBEE-신축(간이판)을 바탕으로, 일부의 평가기준 등이 오사카시용으로 변경되었다. 큰 틀은 CASBEE에 근거하고 있다. 그런데 주차장의 확보 등, 오사카시(大阪市) 독자의 채점기준도 포함되어 있다.

또한 GLP는 2009년에는 "프로 로지스파크 센트레어"(아이치현 토코나메시 센트레어)에 대해서도 A 등급을 취득하였다.

일본 렙은 2008년 3월 후쿠오카현 후쿠오카시에 준공한 "J-REP 로지스테이션 후쿠오카", "J-REP 로지스테이션 Ⅱ"에 대하여 CASBEE 등급 A 등급을 건축환경 · 에너지절약기구에 신청하였다. 카와사키 · 히가시오기시마 지구의 물류시설 "J-REP 로지스테이션 히가시오기시마"에 대해서도 카와사키시가 설정하는 CASBEE의 A 랭크 기준을 충족했다고 발표하였다.

스미토모창고도 2008년 4월에 물류종합효율화법에서 규정하는 "종합효율화계획"의 인정을 받은 오사카 남항 동창고(南港東倉庫)에 대해, 히트 아일랜드 대책으로써 옥상녹화 등을 실시하여 CASBEE의 A랭크 평가를 받았다.[75]

75) 일본물류단체엽합회 제9회 물류환경 대회에서 물류환경 특별상도 수상하였다.

10.8 카본 오프셋 시장의 구축

카본 오프셋(carbon offset)이란 시민, 기업, NGO/NPO, 지자체, 정부가 스스로의 온실가스 배출량을 주체적으로 감축하고, 동시에 감축이 어려운 경우에는 그 배출량을 거래하거나 프로젝트 등으로 벌충하는 것을 말한다. 교토메커니즘에 근거하는 크레디트 이외의 독자 크레디트도 이용된다.

카본 오프셋은 유럽·미국 국가에서 활발히 시행되고 있다. 일본도 환경부가 2008년에 "일본에서 카본 오프셋의 실상에 관한 지침"을 종합 · 정리하고 있다.

물류사업자들 사이에도 카본 오프셋을 전략상품에 포함시키는 움직임이 널리 확산되고 있다. 예컨대 통신판매로 상품을 구입할 때 이용하면, CDM 크레디트의 일부를 부담하는 형태가 되는 택배 서비스가 그 일례이다.[76] 물류기업의 환경전략을 그대로 카본 오프셋 시장의 수요 속에 포함시키는 것이 가능해진다.

카본 오프셋의 크레디트 시장규모는 세계은행의 보고서에 따르면, 거래액은 4,200만 톤 (CO_2 환산), 약 2억 7,000만 달러(2007년)에 달한다고 한다.

76) 일례로서, 佐川急便에 의한 "CO_2 배출권 첨부 히갸쿠 택배"를 이용할 때 "녹색카드"가 발행된다.

표10-4 카본 오프셋의 유형

분류	개요
상품 이용 · 서비스 이용형	기업이 상품, 서비스를 제공할 때 배출되는 온실가스의 배출량을 상품 · 서비스와 합해서 그 크레디트를 구입함으로써 상계를 실시한다.
이벤트 개최형	회의, 콘서트 등의 주최자가 그 개최로 배출되는 전기 사용량 등을 상계하는 것을 상정할 수 있다.
자기활동형 · 특정자 완결형	자기활동형이란 기업, 단체가 밖에서 크레디트를 구입하는 것으로, 상계를 시행하는 유형. 또 시장을 통해 크레디트를 구입하지 않고 직접, 특정한 상대에게서 구입하는 경우, 특정자 완결형이 된다.

자료: 환경성「일본에서 카본 오프셋의 실상에 관한 지침」.

10.9 통과권의 설정

앞으로는 CO_2 배출량거래뿐 아니라, 토지이용규칙(물류시설의 지리적 조건), 사회자본의 증강(고속이용요금, 사용권), 기술(수소자동차 도입율), 차량의 연료소비총량(도로이용권, 주행거리)이라고 하는 물류부문의 다양한 거래 권리가 매매될 가능성도 있다.

예컨대 오스트리아에서는 주변국가 간에 "통과권"을 설정하고 있다. 오스트리아는 중유럽 화물운송 경로의 십자로에 위치한다. 그 때문에 오스트리아를 횡단하여 이태리나 독일로 가는 트럭수송량이 상당히 많다. 그래서 오스트리아 정부는 자국을 통과하는 트럭에 의하여 발생하는 환경오염을 억제할 목적으로 통과권을 설정하였다. 오스트리아를 통과하는 총 중량 7.5톤(적하 유무를 불문)을 초과하는 중량 화물운수차량에 대하여 "포인트제도"를 도입하여, 국가별로 점수를 할당하였다. 국가별 할당은 EU와 오스트리아 간의 트럭 통과 대수 실적에 의하여 결정되었다.

참고문헌

일본문헌

『EuP指令入門』市川芳明, (社)産業環境管理協会, 2006年.

『EUの東方拡大と南東欧』小山洋司, ミネルヴァ書房, 2004年.

『環境政策と環境法体系』, 松村弓彦, (社)産業環境管理協会, 2004年.

『基本ロジスティクス用語辞典』, 日本ロジスティクス協会監修, 白桃書房, 1997年.

「国際経済の変革による環境共生に関する一考察」鈴木邦成・宋賢富『環境共生』日本環境共生学会, 第4号, 2000年.

『CASBEE入門』村上周三他著, JSBC編著, 日経BP社, 2004年.

『最新物流ハンドブック』日通綜合研究所, 白桃書房, 1991年.

『サプライチェーンの時代』阿呆栄次, 同文舘, 1998年.

『省エネ法の解説 [工場・事業場編]』資源エネルギー庁省エネルギー対策課編著, 省エネルギーセンター, 2006年.

『新物流実務辞典』「新物流実務辞典」編集委員会, 産業調査会辞典出版センター, 2005年.

『数字で見る物流2008』物流問題研究会監修, 日本物流団体連合会, 2008年.

『戦略ウエアハウスのキーワード』鈴木邦成, ファラオ企画, 2004年.

『図解 REACH規制と企業対応』REACH研究会, 日刊工業新聞社, 2008年.

『図解成功するグリーン物流』下村博史, 日刊工業新聞社, 2008年.

『図解物流の最新常識[第二版]』鈴木邦成, 日刊工業新聞社, 2006年.

『図解よくわかるWEEE & RoHS指令とグリーン調達』WEEE & RoHS研究会, 日刊工業新聞社, 2005年.

『中国環境ハンドブック』中国環境問題研究会編, 蒼蒼社, 2004年.
『地球温暖化対策ー排出権取引制度設計』西城辰義, 日本経済新聞出版社, 2006年.
『脱炭素社会と排出権取引』諸富徹・鮎川ゆりか, 日本評論社, 2007年.
『トコトンやさしいSCMの本』鈴木邦成, 日刊工業新聞社, 2003年.
『排出権取引ビジネスの実践』排出権取引ビジネス研究会, 東洋経済新聞社, 2007年.
『第1期ロジスティクス環境会議活動報告』(社)ロジスティクスシステム協会, 2006年.
『第2期ロジスティクス環境会議活動報告』(社)ロジスティクスシステム協会, 2008年.
『荷主のための省エネ法ガイドブック』資源エネルギー省庁エネルギー対策課題, 省エネルギーセンター, 2006年.
『排出事業者のための廃棄物処理法』佐藤泉監修, 日経エコロジー編, 日経BP, 2006年.
『平成20年度 環境白書』環境省, 2008年.
『ロジスティクスと環境』唐沢豊, 成山堂, 2001年.
『よくわかるこれからの物流』河西健次・津久井英喜編著, 同文舘出版, 2003年.
「国際経済の変革による環境共生に関する一考察」鈴木邦成・宋賢富, 日本環境共生学会 1999年度学術大会 , 日本大学経済学部, 1999年9月25日.
「グリーンサプライチーンの推進」鈴木邦成, マテリアルハンドリング協会50周年記念講義, 2006年10月4日.
「グリーンサプライチーン推進への経緯と期待」鈴木邦成,日本ロジスティクスシステム協会グリーンサプライチーン推進委員会, 2006年11月7日.
「グリーンサプライチーンの推進」鈴木邦成, 日本物流学会関東支部ロジスティクス懇話会, 2007年6月23日.
「グリーンサプライチーンマネジメントの構築に関する一考察」鈴木邦成,

日本環境共生学会, 2007年度学術大会, 東北学園大学, 2007年9月23日.
「グリーンサプライチーンの推進と課題」鈴木邦成, 物流塾, イーソーコ総研会議室, 2008年4月12日.
「グリーンサプライチーンの構築　各国モデルの比較」鈴木邦成, 東芝物流「環境の日」講演, 2008年6月18日, 23日.
「グリーンサプライチーンの設計における各国モデルの比較」鈴木邦成,日本ロジスティクスシステム学会2008年度全国大会, 日本大学生産工学部, 2008年6月22日.

영미문헌

Beamon, B. M.(1999), "Designing the Green Supply Chain," *Logistics Information Management*, Vol.12, No.4, pp.332-342.

Business for Social Responsibility Education Fund(2001), *Suppliers' Perspectives on Greening the Supply Chain*.

Miller, J.(2004), *Strategic Supply Chain Management*, Cohen Roussel.

Dekker, R. eta al.(2004), *Reverse Logistics*, Springer.

Sarkis, J.(2010), *Greening the Supply Chain*, Springer.

Preuss, L.(2005), *The Green Multiplier*, Palgrave Macmillan.

The Lean and Green Supply Chain: *A Practical Guide for Material Managers and Supply Chain Manager to Reduce Costs and Improve Environmental Performance, Environmental Accounting* Project.

Scott, H. M.(2004), "Thinking Outside 'the Box': Designing a Packing Take-Back System," *California Management Review*,

Vol.46, No.2, Winter, pp.105-119.

Geyer, R. and Tim, J.(2004), "Supply Loops and Their Constraints; The Industrial Ecology of Recycling and Reduce," *California Management Review*, Vol.46, No.2, Winter, pp.55-73.

찾아보기

영문색인

A

B

C

D

E

한글색인

ㄱ

ㅇ

ㅈ

◎ 역자소개

성균관대학교 SSK사업팀(SSK 저탄소 녹색무역기반구축)

박명섭

- 영국리버풀대학교(Ph.D)
- 한국무역협회 화주기업 3PL활용유도 컨설팅 지원사업 선정 위원회 위원장
- 일본 코베대학·후쿠오카대학·나카무라 카쿠엔대학 방문교수
- 물류관련 저역서 및 논문 다수
- 현) 성균관대학교 경영전문대학원 교수

한낙현

- 일본 와세다대학(상학박사)
- 일본와세다대학 산업경영연구소 연구원
- 현) 경남대학교 경제무역학부 교수

김은주

- 부경대학교(경제학박사)
- Univ. of North Texas, School of Merchandising & Hospitality Management, 방문교수
- 일본 후쿠오카 대학 상학부 연구원
- 부산대, 부산외대, 부산여대, 부산수산대, 부경대, 숙명여대, 숭실대, 상명여대, 성균관대 강사
- 동의대 초빙교수, 한양여대 겸임교수 역임
- (주)교통물류연구원 연구위원 역임 (주)일본 산스타 라인 자문역 역임
- 현) 성균관대 무역연구소 선임연구원

박석재

- 성균관대학교 (경제학박사)
- 미국 Wayne State University, Law School, 방문교수
- 현) 우석대학교 유통통상학부 교수

우정욱

- 일본 메이지대학(상학박사)
- 인하대 정석물류통상연구원 연구교수 역임
- 한국경영교육학회 이사, 녹색물류학회 이사, 한국철도학회 논문편집위원, 한국물류학회 회원, 일본물류학회, 일본교통학회, 일본해운경제학회 회원
- 현) 철도대학 철도운수경영과 교수

◎ 저자소개

스즈키 쿠니노리 (鈴木邦成)

• 문화대학 강사 역임, 2006년 4월부터 文化패션대학원대학 패션비즈니스 연구과 준교수(로지스틱스론 담당). 日本物流學會 이사. 日本經營工學會, 日本로지스틱스시스템학회 회원.
• 물류 관련 주요 저서로 「도해 물류의 최신 상식」, 「참으로 쉬운 SCM 책」(이상 日刊工業新聞社), 「물류 100문 100답」(明日香 출판사) 등 다수.

녹색공급사슬의 설계와 구축

2011년 07월 13일 초판 1쇄 인쇄
2011년 07월 17일 초판 1쇄 발행

저자 / 스즈키 쿠니노리(鈴木邦成)
역자 / 박명섭·한낙현·김은주·박석재·우정욱
발행인 / 고우용
발행처 / 우용출판사
등록일 / 1997년 11월 25일
출판등록 / 제 313-1997-139호
주소 / 서울특별시 마포구 망원1동 338-53
전화번호 / 02)324-6577
팩시밀리 / 02)324-6177

정가 / 19,000원

ISBN / 978-89-6249-050-3